关键词阅读术

〔日〕村上悠子—— 著

夏阿枳—— 译

 中国水利水电出版社

www.waterpub.com.cn

·北京·

内 容 提 要

本书分享了作者通过运用关键词阅读术来采集所有想要的信息的方法，可以让我们对信息保持高度敏锐，即使身处海量文字中也不会遗漏丝毫信息。

北京市版权局著作权合同登记号：01-2021-4463

图书在版编目（CIP）数据

关键词阅读术 / （日）村上悠子著 ；夏阿枳译. -- 北京 ：中国水利水电出版社，2021.9
ISBN 978-7-5170-9925-3

Ⅰ．①关… Ⅱ．①村… ②夏… Ⅲ．①读书方法 Ⅳ．①G792

中国版本图书馆CIP数据核字（2021）第183844号

JYOUHOURYOKUKYUUSYUU WO TAKAMERU KEYWORD DOKUSYO JYUTSU
by Yuko Murakami
Copyright © 2019 Yuko Murakami
Simplified Chinese translation copyright © 2021 by BEIJING LAND OF WISDOM BOOKS CO.,LTD.
All rights reserved.
Original Japanese language edition published by FOREST Publishing,Co.,Ltd.
Simplified Chinese translation rights arranged with FOREST Publishing,Co.,Ltd.
through Lanka Creative Partners co., Ltd., Japan and Rightol Media Limited.

书　　　名	**关键词阅读术** GUANJIANCI YUEDU SHU
作　　　者	[日]村上悠子　著　　夏阿枳　译
出版发行	中国水利水电出版社 （北京市海淀区玉渊潭南路1号D座　100038） 网址：www.waterpub.com.cn E-mail：sales@waterpub.com.cn 电话：（010）68367658（营销中心）
经　　　售	北京科水图书销售中心（零售） 电话：（010）88383994、63202643、68545874 全国各地新华书店和相关出版物销售网点
排　　　版	北京水利万物传媒有限公司
印　　　刷	天津旭非印刷有限公司
规　　　格	130mm×185mm　32开本　7.5印张　110千字
版　　　次	2021年9月第1版　2021年9月第1次印刷
定　　　价	49.80元

凡购买我社图书，如有缺页、倒页、脱页的，本社发行部负责调换
版权所有·侵权必究

为什么即使阅读同一本书，有的人能采集到想要的信息，而有的人却不能

你有过下面的经历吗？

·读完了一本书，却完全不记得书中的内容。

·看到家中书架上的书，却完全想不起来书里写了些什么。

·一本书读到一半时，才发现以前读过。

·若被问到"你最近在看什么书"或者"你有什么推荐的书吗"时，脑子里什么也想不出来。

拿起本书的读者，想必都是经常读书的人，那么，你一定有过这样的经历吧。在日常忙碌之余，特意抽出宝贵的时间去读一本书，可读完之后却什么都不记得，这实在是太可惜了。

为什么会这样呢？

或许有人会认为是因为自己的理解力不够、记忆力不好，但实际上并非如此。

之所以读完一本书之后却不记得书中的内容，毫不客气地说，是因为在开始阅读之前我们没有设定好关键词。

平时，当我们想搜索信息时，会使用搜索引擎进行搜索，即在搜索栏里输入关键词，以此获得想要的信息。如果不输入关键词，页面上自然不会出现任何搜索结果。

偶尔也会出现这样的情况：打开搜索页面，却突然想不起来自己打算搜索什么。

我就经常会这样，焦躁不安地努力回想："我到底想查什么来着……"如果不知道要搜索的关键词是什么，就无法进入下一步，无法得到想要的信息。

也就是说，在现代社会，获得信息与输入关键词这两件事，总是配套出现。

若将这一结论应用于阅读，那么在开始阅读之前就应先设定好关键词，像搜索关键词一样阅读书中的文字，就能获得想要的信息。

通过设定关键词来找出所有需要的报道

读到这里，你也许会产生这样的疑问："为什么要这么看重关键词呢？"为了说明其中缘由，我先进行一下自我介绍。

我今年30多岁，是一名公司职员，做着"信息采集"的工作。所谓"信息采集"，就是从报纸、杂志中找出需要的报道。

如果你非常喜欢上野动物园里的大熊猫"香香"，光是看到它吃竹子、爬树玩乐的样子，就会觉得无比治愈。因此，你想将与大熊猫香香有关的报道全部裁剪并收集起来，就像收集你喜欢的偶像的报道一样。

但若要每天读报纸、查找相关报道并裁剪，实在是太费时间和工夫——况且连报纸上究竟有没有登载关于香香的报道都不清楚。在这种情况下，如果有公司能提供一项服务，把有关香香的报道直接寄到你家里来，而不需要自己费什么工夫，是不是很棒？

《香香第一次玩雪！对积雪充满兴趣！》

《香香正迈向独立！开始与母亲分开生活的最终训练！》

《香香健康长大！脱离人工授乳》

像这样，将世界各地发行的报纸、杂志上刊登的有关香香的报道全部搜集起来，寄送到你家，这就是"信息采集"的工作内容。这样解释你应该能够明白了吧？

如果说个人造型师的职责是给客户挑选合适的衣服，那么信息采集员的职责就是为客户挑选他所需要的报道，也可以说是代替客户完成信息采集这一环节的人，这样解释可能更好理解。我从事这项工作已经

15年了，是一名专业的信息采集员。

若用一句话概括信息采集员一天的工作，那就是"一直在读报纸和杂志"，每天从早到晚都沉浸在文字之海中，拼命寻找被委托采集的相关报道。信息采集员的工作对象不是人，而是文字。石原里美主演过一部电视剧《校对女孩河野悦子》，信息采集员的工作氛围与这部电视剧中校对部办公室的工作氛围有些相似，朴素又安静。

到目前为止，我为客户提供的报道文章已超过20万篇。相应地，作为回报，我从中获得工资。对我来说，采集信息是生存的手段，不是"能采集到就好了"（Want to），而是"必须采集到"（Have to）。

因为存在关键词，所以员工才能努力寻找关键词并采集到信息

信息采集公司接到的客户委托中包含了关键词。

首先，信息采集员询问客户想搜集什么样的报道；其次，设定合适的关键词；最后，寻找包含这一关键词的所有报道。

正是因为设定了关键词，信息采集员才能努力寻找它，才能采集到信息。

虽说我们能用眼睛看见东西，但并不意味着所有事物都能进入我们的视野。比如，你能立刻回答出离你家最近的牙科诊所、邮筒、公共电话亭分别在哪里吗？

明明经常路过这几个地方，能够看见它们，但如果对其毫不关心，就会视而不见。我们只有在长了蛀牙时才会去牙科诊所，在寄新年贺卡时才会去找邮筒，在手机坏掉时才会使用公共电话。

只有在头脑中设定好关键词，有意识地去寻找这些事物，才能够知道原来它们就在这里，这在脑科学界被称作"大脑聚焦"。

用大脑聚焦原理来解释阅读，你应该就能明白为什么迄今为止自己一直记不住读过的内容了吧。

读过的某本书里一定有你想要的信息，并且你也确实读完了相应的章节，但你却对这些有用的语句视而不见，这都是因为你并未在大脑中提前设定好关键词。

人只能看见自己想看见的东西。因此，在开始阅读之前，一定要决定好到底想读到些什么、关键词是什么。能掌控关键词的人也能掌控阅读，化用Tower Records①的广告语来说，就是"无关键词，不阅读"。

用"关键词阅读术"采集想要的信息，并且过目不忘

阅读前是否设定好关键词，会决定最终获得的信息量，这一点想必你已经理解了。

只是，要设定这样的关键词，并通过这些关键词确确实实地获得想要的信息，有几个注意事项和技巧。

在本书中，我将毫无保留地向大家分享我在长达15年的信息采集工作中培养起来的通过运用关键词来采集所有想要的信息的方法。

第一章，我将详细地说明为什么大家迄今为止无

---

① 一家诞生于美国的连锁唱片店，因音乐数字化风潮盛行，在美国已倒闭，但在日本的分店至今仍在，成为人们的朝圣之地。其宣传语是"No music, no life"（无音乐，不生活）。

法在阅读中采集到想要的信息，并从外因（环境问题）和内因（内在自我）两方面进行分析。

第二章，我将介绍设定关键词的方法，说明如何找到适合自己的关键词，以及什么才是好的关键词。这对于了解自己、挖掘内在自我也会大有裨益。

第三章，我将介绍如何挑选出含有自己设定的关键词的书，帮助大家学会判断什么样的书里会有自己想知道的信息，以避免因选错书而白白浪费时间和金钱。

第四章，我将介绍如何对关键词进行升级，并结合具体事例说明如果在阅读过程中一直没有出现设定好的关键词，或者出现了别的很感兴趣的关键词时应该如何应对。

第五章，我将介绍通过阅读更高效地吸收知识的方法——在设定关键词的同时也设定主题，通过关键词和主题这两个维度，像横纵坐标轴一样向四周无限地延伸，就能获得更多的信息。

第六章，我将介绍如何使用社交平台进行输出，包括在社交平台上发布读书记录的好处、撰写读后感的方法、应该带上什么样的话题标签，以及如何让更多的人看见自己发布的读书记录等高级技巧。

我在Instagram[①]上运营着一个专门发布读书记录的账号（@no_name_booklover），也许是因为发布的频率很高，目前已被很多家出版社的官方账号所关注。在本书中，我将毫无保留地分享这些经历，包括与粉丝互动得到的收获，以及我所发布的书籍的作者、出版社看到这些读书记录后的反应等。

即使阅读同一本书，有的人能采集到想要的信息，而有的人却不能。我再重申一下，两者唯一的区别在于——是否在开始阅读前设定好了关键词。

读书不是从第一页第一行开始读就行了，在读之前的准备工作就已经开始拉开了差距。

就算书里写了再多的金句，但因为事前准备不足而没能注意到，那就实在太可惜了！

通过阅读本书，相信你能发生巨大的改变，成长为能采集到想要的信息的人。

---

① 一款社交软件。

第一章　为什么你无法顺利采集到信息

第二章　如何设定关键词

第五章　如何通过阅读进一步吸收信息

第六章　如何在社交软件上做读书记录

后　记

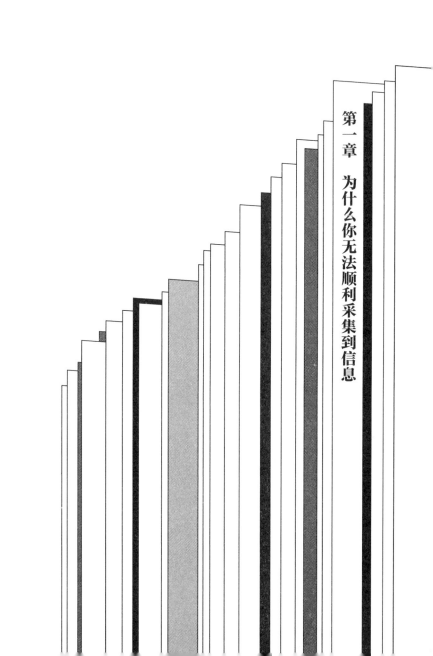

第一章　为什么你无法顺利采集到信息

信息采集与关键词

正如我在前言里提到的，我从事"信息采集员"这一职业已有15年。我再详细介绍一下这一职业。所谓信息采集，就是从报纸、杂志中选取需要的报道。而信息采集公司则是以"关键词"为要素承接客户订单，为客户提供他们想要的信息。

截至目前，我所在的公司承接的订单中包含的关键词已多达1500个。也就是说，像前言里举例说明的"香香"这样的关键词有1500多个，而且涵盖商务、医疗、食品、化妆品、体育、音乐等众多领域。

当你穿过涩谷十字路口①时，对于擦肩而过的某

① 位于日本东京市涩谷区的核心商业区，被称为"全世界最大的交叉路口"。这里8条道路交错，同时支持4个方向的红绿灯，每分钟约有3000人通过，能看到汹涌的人潮从四面八方穿过马路的壮观场面。

个人的眼镜、帽子、外套、鞋和包等物品，你能同时记住几件呢？有的人只能记住眼镜这一件物品，而厉害的人能同时记住五件物品。

【你】

·看到的事物→在十字路口擦肩而过的人

·大脑中设定的关键词→眼镜、帽子、外套、鞋、包

·能同时记住的数量越多越好

【专业采集员】

·看到的事物→报纸和杂志

·大脑中设定的关键词→客户订单中的1500多个关键词

·必须全部同时记住

在信息采集业务中，专业采集员的任务是通过眼睛来阅读报纸和杂志，将与1500多个关键词相关的报道一篇不漏地找出来。

你可能会问："这真的能办得到吗？"事实上，无论是谁，一开始都是办不到的。

信息采集员并不是什么身怀绝技的人，在我所在的公司里，不仅没有东京大学、哈佛大学等名校的毕业生，反而有很多人是抱着"想做不用跟人打交道的工作"这样有点儿消极的想法而进入公司的，还有一些人在刚进公司时连工作内容是什么都不清楚。

对于这种极其普通的新员工，如果交给他们一份报纸，让他们阅读并进行信息采集，结果会怎么样呢？他们会非常完美地遗漏信息。明明采集信息是他们的工作，可他们却完全采集不到需要的信息，根本无法派上用场。

是什么决定了你能否采集到信息

即使读同一份报纸，老员工能敏锐地发现关于熊猫香香的报道，而新员工就发现不了。到底是什么造成了这种差异呢？让我们来对比一下他们在阅读报纸时的大脑状态吧。

【新员工】

什么也不思考，漫无目的地读着报纸，因此没能注意到关于熊猫香香的报道。

（＝漫无目的地散步）

【老员工】

一开始就抱着"一定要找到关于熊猫香香的报道"的强烈念头，因此在阅读时就会注意到"香香"这个关键词。

（＝迈着意气扬扬的步伐走向目的地）

　　也就是说，资深信息采集员会在阅读前就先在大脑中设定好关键词，以找到关键词为目标进行阅读。

　　因为事先设定好了关键词，大脑的"天线"就会主动捕捉符合条件的报道。此时，大脑"天线"具备了高灵敏度。打个比方，如果手机信号良好，信号就会显示有三格，而大脑"天线"关于"香香"这一关键词的信号就相当于提高到了信号三格的水平。

　　至于新员工，信号则只有一格……不，应该说连"天线"都还没搭建起来。在一两天之内记住1500多个关键词的确不太可能，这一点确实无可奈何。每个员工刚开始都是"无信号"状态，在培训期间因多次被指出遗漏了本应采集到的报道而感到懊恼。就这样，大脑"天线"的信号慢慢增加到一格、两格……员工渐渐能采集到越来越多的与关键词的相关报道。

　　人只有经过这样的训练，才能采集到越来越多的信息。

　　中国有一位优秀的职业女子高尔夫运动员，名叫冯珊珊（曾在里约奥运会上夺得过铜牌）。有时，员工会因为大脑"天线"过于灵敏，把"冯珊珊获胜"误看成"熊猫香香获胜"[①]，或将大阪新世界的"锵锵横丁"误看成"香香横丁"[②]……不过，话又说回来，既然大脑"天线"已经被锻炼到这种程度，就意味着他们不会看漏与关键词有关的报道了。

能同时采集与1500多个关键词有关的报道，意味着大脑"天线"的信号已经达到了三格水平。虽然或多或少存在个体差异，但进入公司三个月后，员工基本上都能达到这个水平。实际上，资深信息采集员的遗漏率不会超过0.01%，可以说是几乎不会看漏报道。

演员瑞恩·高斯林曾饰演2017年备受热捧的音乐剧电影《爱乐之城》的男主角，他在经过三个月的钢琴训练后，演奏水平已变得十分精湛，足以博得专业钢琴家的赞叹。那些我们刚开始时认为自己绝对办

① 在日语中，"珊珊"与"香香"都写作"シャンシャン"。

② "锵锵横丁"是大阪的一条商店街。日语中，"锵锵"写作"ジャンジャン"，与"香香"的写法相似。

不到的事，只要花上三个月的时间刻苦训练，都能逐渐掌握，关键在于熟能生巧。

信息采集并不是什么特殊技能，任谁都能掌握，当然也包括正在阅读本书的你！

关注关键词，捕捉想要的信息

　　只要大脑有意识地去关注关键词，就能捕捉到想要的信息。为了让大家切实体会到这一点，下面举一个虚构的例子。

　　我的名字叫作村上悠子，如果我与作家村上春树进行了一次对谈，对谈内容被整理成书出版，书名是《村上座谈会》。因为我和村上春树的姓氏相同，所以，书中在两人的讲话内容前分别写上了"春树"和"悠子"以示区分（以下内容均为虚构）。

　　悠子：今天很高兴能见到您。

　　春树：我也是，请多关照！

　　如果村上春树的粉丝（以下简称"村上粉"）购

买了这本书，肯定是想读"春树"说话的部分，这才是他们想要的信息，而他们对"悠子"说的话就毫无兴趣。那么，他们看到的文字会变成下面这种感觉。

悠子：今天很高兴能见到您。

春树：我也是，请多关照！

明明印在书上的字是同样粗细的，但村上春树的讲话部分就像被单独加粗了一样醒目。为什么会这样呢？这是因为村上粉们在大脑中设定了"春树"这个关键词，他们在无意识中一边读一边寻找着"春树"这一字眼。因此，即使书中充斥着大量无关紧要的村上悠子的讲话，村上粉们也依旧能迅速发现村上春树讲话的部分。

对谈进行到一半，作家村上龙也加入了进来。

龙：大家好，我是村上龙。

春树：龙先生，好久不见。

悠子：初次见面。我每周都会看"坎布里亚宫殿"（村上龙主持的东京电视台的经济节目）。

龙：非常感谢，我很荣幸。

春树：我也经常看。

龙：真的吗？

春树：是啊。你和小池荣子配合得挺不错呢。

即使像这样变成了三人对谈，三位村上的讲话交织在一起，村上粉们也能做到只挑出春树的讲话内容一直读下去。

后面，作为特邀嘉宾，搞笑艺人村上昭二和职业花样滑冰选手村上佳菜子也加入到谈话中来。

悠子：大家喜欢吃什么呢？

春树：我喜欢吃炸牡蛎。

龙：我喜欢吃鱼之类的日式料理。

昭二：只要是酱油味的我都喜欢。酱油事①！

佳菜子：我喜欢吃刨冰，如果不能一日三餐都吃的话

———————————

① 村上昭二开设的一家居酒屋。

我就难受，我还经常边走边吃。大家有什么兴趣爱好吗？

春树：我喜欢跑步。一天要跑约一个小时，所以我是抱着一天只有 23 个小时的决心生活着的。

悠子：我也在跑马拉松！跑步真的很让人心情愉快呢。

昭二：我喜欢画水墨画，曾经在京都的誓愿寺开设过个人作品展。

龙：以前都没听说过呢。我没什么兴趣爱好啊，毕竟我还写过《不要有兴趣爱好》这种书。

虽然一共出现了五个姓村上的人，但对于村上粉们来说，即使无用的信息再多，他们要做的事情也未曾改变——只挑与"春树"这个关键词相关的部分来读。

这样一来，村上粉们就能记住诸如"最近在看的电视节目是'坎布里亚宫殿'""喜欢的食物是炸牡蛎""兴趣爱好是跑步"等与村上春树有关的信息。这就是所谓的从书中采集想要的信息，以及主动寻找信息。

并且，村民们会从这本书中获得激励，决定"从现在开始，每周都要看'坎布里亚宫殿'""晚饭吃炸牡蛎""明天要早起跑步"等，逐渐改变生活习惯和行为模式。如果能形成这样的良性循环，那么读书就真的是一件有意义且令人愉悦的事了。

而如果你对小说、搞笑节目、花样滑冰等统统不感兴趣，且现在正在人满为患的医院候诊大厅等待叫号，偶然看到放在书架上的《村上座谈会》，便顺手拿起来读。读完之后，若是有人问你："村上春树最近在看的电视节目是什么？"你恐怕会回答："有写这个吗……"或者问你："村上春树喜欢的食物是什么？"你多半会回答："啊，不知道……"又或者问你："村上春树的兴趣爱好是什么？"你很可能会回答："不知道啊……"

由于对登场人物不熟悉，在大脑并未设定关键词的情况下就开始阅读，因此大脑"天线"没能接收到任何信号。辛辛苦苦读完，却完全不记得其中的内容。

这就是所谓的"漫不经心地读书""读完就够了"，或许你对此也有过切身体会。

虽然我现在在用这种听起来很厉害的口吻跟你说

话，但实际上，我曾经也有过完全无法在阅读中采集到信息的时候。

· 读完了一本书，却完全不记得书中的内容。

· 看到家中书架上的书，却完全想不起来书里写了些什么。

· 一本书读到一半时，才发现以前读过。

· 若被问到"你最近在看什么书"或者"你有什么推荐的书吗"，脑子里什么也想不出来。

在前言的开始部分，我列出了这四点特征。说来惭愧，我在成为信息采集员之前，上面的这四点全都符合。

若要举例佐证，我几乎不记得在学生时代读过哪些书。我能记得当我得知上课需要用到什么书时，便去附近的书店买；写论文时，我从学校图书馆借了些什么书作为参考文献。但最重要的信息——书名和内容，却没能在我的头脑中留下丝毫印记，这实在是太悲哀了。

我参加工作后一共读过4000本书。在这个过程中，我渐渐地能记住那些与我相关的信息，以及打动我的语句。我把它们以数据的形式保存下来，摘抄的文章共计已超过3万篇。

我从无法采集到信息的人转变为能够采集到信息的人。我之所以发生了这样的转变，是因为我在日常工作中渐渐体会到，如果事先在头脑中设定好关键词，就能捕捉到想要的信息。不管是我在工作中阅读的报纸和杂志，还是平时阅读的书籍，它们都是文字。从这一点上来说，阅读二者的技巧是一样的。

就这样，我把在信息采集工作中的感觉运用到读书中，在大脑中将自己想知道的信息设定为关键词，一边寻找关键词一边阅读。演员经常会说自己私底下的言行举止也会带有所饰演的角色的影子，而我作为信息采集员，私下的阅读方式也带有工作习惯的影子，而这最终为我带来了巨大的成功。

如何判断一本书是否适合速读或泛读

最近，市面上出现了许多介绍速读法、泛读法的书。能很快地读完一本书当然最好不过，我也很理解那种因为喜欢读书，所以想大量阅读的人的心情。

不过，以经管类的书籍为例，读者通常是希望通过阅读此类书来实现自我完善，弥补能力不足。简单地说，就是希望自己从A状态达到B状态。因此，无论阅读速度有多快，无论读了多少本书，若自己仍然处于A状态，那么阅读就会变得毫无意义了。

千万不要因为专注于阅读技巧而忘却了阅读的本质。人都是渴望成长和进步的，既然读了某本经管类的书，一定是希望自己借此转变为B状态。

例如，即使半小时读完了一本关于减肥的书，但没能瘦身成功，那么阅读就没有意义；即使读了十本关于睡眠的书，但还是失眠，那么也没有意义。

如果这是一本名为《无法瘦身的女人与无法入睡的男人》的言情小说，那么速读是可以的。故事情节是，女主角虽然在节食，但体重却没能下降分毫，而当她与失眠的男友在半夜散步一个小时后，竟然瘦了三公斤——当然，如果真的这么简单，女主角也就不必大费周章了——总之，读小说是越快越好。花两天读完和花两小时读完，当然是后者更佳。

读小说时，我们会随着故事情节的发展或喜或忧，会将自己代入角色，纯粹是为了享受乐趣而阅读的。阅读小说是为了一个劲儿地将文字读下去（消费），而阅读经管类的书是为了获得知识（投资）。虽然阅读经管类的书会花费不少时间，但能通过采集信息来改变自己，让自己从A状态达到B状态，这点是至关重要的。

若你在阅读有关减肥的书之前大腹便便，那么读完后应当腹部紧致；在阅读有关睡眠的书之前即使半夜三更也精神亢奋，那么读完后应当一到晚上十点就眼皮打架。而当你读完本书后，也应当从无法采集到信息的人转变为能采集到信息的人。

无法顺利采集到信息的外在原因

比起能不能速读或泛读，采集到自己想要的信息才最为重要，但为什么我们迄今为止都没能做到呢？下面我将从两方面对外因进行详细说明。

外因一：因外界的信息刺激过多而无法专心阅读

假如你在一个寒冷的冬天去超市买牛奶和酸奶，在超市入口处看到有烤红薯的促销活动，促销人员递给你一块热腾腾的烤红薯，说："欢迎试吃！"此时，你会不会完全忘记自己是来买牛奶和酸奶的，脑子里只有烤红薯了？

大脑里的关键词：牛奶、酸奶→烤红薯

假如你正在写工作邮件，打算写一句"辛苦了"，但此时听到刚吃完午饭回来的同事说"续杯喝了两杯"，你就可能会把"辛苦了"写成了"续杯了"。

大脑里的关键词：辛苦了→续杯了

通过这两个例子，我想说明的是，人非常容易受到突然看到、听到的信息的影响。

明明并不想被人带跑，想好好做手上的事，却由于外部刺激过于强烈，不自觉地把目光投入其中。生活在现代社会中的人们，无法做到"定点观测"。

阅读可分为在家阅读和在外阅读，但无论是哪种，即使你想集中注意力，也有成千上万的外界刺激在干扰着你。

你一定碰到过这种情况：在咖啡馆看书时，经常会不自觉地竖起耳朵听旁边的人谈话。虽然旁人谈话的内容有时会很意外地让人增长见识，或者内容本身十分逗趣，叫人听了开心，但若你本打算集中精神看书，还是应当避免这种分心的情况。

此外，因为旁边的人在"嗒嗒嗒"地敲键盘而感到心烦，或者因其使劲儿地抖腿而让自己分散了注意力，瞅了一眼对方抖个不停的双腿后再将目光移回到书本上时，竟找不到自己刚刚读到哪里了……由于身处同一个空间，我们总会注意到他人的言行。

既然如此，有人可能会说，那在家读书不就好了？然而，家人的说话声、电视里的吵闹声、手机的提示音等也是另一种刺激的大集会。此外，还有电饭煲煮好米饭的提示音、洗衣机洗好衣服的提示音、加湿器里的水耗尽的提示音，各种各样的提示音会不断袭来。

虽说在工作中进行报告、联络、商量很重要，但家电不断报告"煮好了""洗完了""没水了"，就算你正在读书也很难集中注意力吧。若门铃响了，门外有人说"您的快递"，这时你就不得不放下书本，去开门取快递吧。

我仅仅举了几个例子，就已经发现有很多种刺激在阻挠你专心读书。

当这样的外界刺激大量出现时，我们目前的意志力还远远没有强到可以不受任何影响的地步。

人生充满了与诱惑的斗争，如果想要集中精神读书，就要尽可能地排除与读书无关的因素，创造出像《七龙珠》里的"精神时光屋"[①]那样的环境，让自己把注意力更多地放在读书上。

外因二：一旦看见手机，就忍不住伸手去拿

在前面举出的《村上座谈会》的例子中出现了"坎布里亚宫殿"这一节目名称，如果你每周都在看这个节目，只会心想"是那个节目啊"，然后继续读下去，不会因此而暂停；但如果你从没听说过这个节目，很可能会对此萌生兴趣，心想"这是个什么节目呢"（杂念之一）如果此时手机就在眼前，你一定会放下书本，打开手机搜索"坎布里亚宫殿"的吧。

---

① 漫画《七龙珠》中的一个修炼场所，在里面过一年只相当于外界中的一天，若修炼之人意志薄弱或精神不集中，就会产生幻觉。

如果只是看到"邀请经济界嘉宾做客的谈话节目"这样概括性的信息，大概地了解下倒也没什么，但如果打开了节目主页，看到了"往期节目"的板块，里面记录着自2006年以来所有嘉宾的信息，你可能会心想"到目前为止都有哪些人来做过嘉宾呢"（杂念之二），点进这个板块浏览起来了。

"原来如此，有这些人参加过节目啊。"当你浏览完后，本来终于可以继续看书了，但脑子里又突然冒出"说起来，主持人小池荣子今年多少岁了呢"（杂念之三）、"她好像跟一位摔跤运动员结婚了吧"（杂念之四）等新的疑问，又用手机搜索起小池荣子来……

像这样任由内心一次次地偏离轨道，原本打算阅读《村上座谈会》，但回过神来时，却发现自己正在维基百科上查找小池荣子的个人资料。即使你突然意识到自己这会儿不该如此，想让注意力重新回到书本上来，脑子里却满是"坎布里亚宫殿"和小池荣子，而且一时间还会心生茫然："我刚刚是在读什么书来着？"

即使读起书来，书中又不断地出现像"谬误""捣杵柄"之类略有些生僻的字词，当你疑惑着"这个字该怎么念呢"（杂念之五）并拿出手机准备搜索时，又看见搜索引擎的主页上有一条新闻——"人气偶像组合'岚'将于2020年终止团体活动"，你惊讶得立马点开。这样一来，一时半会儿注意力就很难再回到书本上来了。

也就是说，只要在阅读中途为了优先处理冒出来的杂念而拿起手机，哪怕只有一次，都会因此而丧失自制力，一次又一次地偏离轨道。

隔绝外界的声音

眼睛和耳朵接收到的众多外界信息会渐渐覆盖掉来自书本的信息，使人无法集中注意力继续阅读。因此，最好的方法是主动减少接收的信息量。

当然，若闭上眼睛就无法读书，因此，需要屏蔽掉那些会被耳朵接收到的声音信息。具体有以下两种方法。

第一，佩戴降噪耳机（屏蔽声音的效果惊人）。

第二，播放即使听到了也不会对阅读造成干扰的声音。

那么，什么样的声音才不会干扰阅读呢？

在我回答这个问题之前，请你先回答我一个问题：下面三种行为中，有且仅有一种行为是正确的，你认为会是哪一种？

1. 一边看搞笑组合"Peace"在《M-1大赛》[1]中的表演，一边读又吉直树的小说《火花》。

2. 一边听广播节目《Audrey[2] 的 All Night Japan》，一边读若林正恭的散文《倾斜的黄昏》。

3. 一边用音响听CD《蜜蜂与远雷音乐集》，一边读恩田陆的小说《蜜蜂与远雷》。

---

[1] 一档日本的漫才比赛节目。

[2] 一个日本的搞笑组合。

正确答案是3。

1和2是看电视或听广播与读书的组合，但无论是用眼睛读到的日语还是用耳朵听到的日语，都与书本上的日语分属不同的内容。因为我们懂日语，所以一旦听到电视或广播中的日语讲话，注意力一定会或多或少地发生转移，而无法集中精神阅读。

与此相对，3虽然是听音乐与读书的组合，但这张CD播放的是古典音乐，没有歌词，所以耳朵接收不到日语的信息，这样就能把注意力集中在用眼睛阅读的日语上。（《蜜蜂与远雷音乐集》收录了书中人物在钢琴比赛中演奏的曲子，若边听边读，会有一种身临其境的感觉，所以我很推荐这一做法，请你一定要试试看。）

集中注意力读书的诀窍

据说圣德太子①能同时听十个人讲话，但对于普

---

① 日本飞鸟时期（592～710）的思想家、政治家。

通人来说，别说十个人了，就连同时听两个人讲话都很难。既然如此，让大脑在读书的同时处理眼睛读到的日语和耳朵听到的日语这两种信息，不觉得有点儿"强人所难"吗？

集中注意力读书的诀窍是同一时间只处理一种日语。

因为读书时是用眼睛看日语，所以不能同时用耳朵去听不同的日语信息，要完全屏蔽讲日语的电视声、广播声，以及其他人的说话声。而在播放音乐时，要选择没有歌词的古典乐或爵士乐，或者完全听不懂歌词意思的外语歌曲。

从同一时间只处理一种日语信息这个意义上来说，在阅读时打开手机网页查找东西也是在同时处理两种日语信息。请牢记，我们不是圣德太子，即使一心二用，最多也只能处理好其中的一种信息。

创造封印杂念的环境

作为一个专业的信息采集员，我在工作中阅读报纸和杂志时就能从头到尾全神贯注、专心致志，完全不会心生杂念吗？老实说，我脑海中会满是杂念。

比如，在美食杂志上看到一则介绍一家餐饮店的报道时，我会不断地冒出"我也想去吃吃看""这家店在哪里""美食网站上的评价如何"之类的杂念，但因为在工作中不能看手机，所以我并不会因此而中断阅读，转而去搜索这家店的相关信息。

阅读时并不需要努力抑制杂念，只需要利用环境来弥补脆弱的意志。

戒烟的基本要求是不在身边放香烟，相应地，戒掉手机的基本要求就是不把手机放在能看得见的地方。因为一旦放在视线范围内，一定会想去拿，所以阅读时切记要把手机放在你看不到的地方。

在外面读书时，我绝不会从包里拿出手机；在家里读书时，我会把手机放进星巴克的金属罐里"封印"起来。这个金属罐原本是用来让咖啡豆保鲜的，而我用它来让读书时的注意力"保鲜"。

对了，此刻可千万不能拿起手机搜索"星巴克金属罐"！如果很好奇这到底是什么东西，请在这一页贴上便签或将这一页折角，在阅读结束后再尽情地搜索吧。请记住，你现在正在读书，千万不要被欲望所摆布。

无论周遭的环境是好是坏，人都会受到它的影响。因此，要想从书中获得自己想要的信息，必须在开始阅读之前营造出良好的阅读环境：一次只处理一种日语信息、把手机放在视线范围之外等，有意识地远离那些会分散你的注意力的事物。

无法顺利采集到信息的内在原因

在2018年2月举办的平昌冬奥会上，在短道速滑女子500米的比赛中，日本选手小平奈绪夺得了金牌，她与韩国选手李相花相互称赞的姿态让无数观众为之动容。

就小平奈绪选手接下日本体育代表团的团长职务一事（担任代表团团长一职被视作无法在赛场上有活跃表现的预兆），她回应道："我会思考能（从担任团长的经验中）学到什么，会对我今后的人生有什么影响。"

我认为读书也是一样的。

世界上有很多诸如体育运动、电影、游戏等娱乐项目，但人们仍然会选择花时间读书。我想，这是因为人们会思考自己能从阅读中学到什么，会对今后的人生产生什么影响。人之所以会读书，是因为渴望通过阅读解决烦恼或实现愿望。

当心有烦恼或心怀愿望时，当然可以选择找人商量并希望得到建议。然而，有的人并不擅长向他人吐露心声，或者对将梦想说出口有一定的抵触情绪，抑或是对向他人诉说烦恼感到害羞，这样的人会选择将书作为他们的商量对象。

有不能向他人诉说的烦恼和愿望→与书本进行商量→从中得到建议（采集到信息）

这一过程若能顺利完成，那当然最好不过，但有时即使读完整本书也采集不到任何信息，也许你会认为这是因为自己没有采集信息的能力，但实际上并非如此，很大一部分原因在于，你在开始阅读之前并没有明确自己的烦恼和愿望究竟是什么。

抱着"增长知识，增强自信"的想法，广泛地涉猎各个领域的书籍，从图书馆借来的书的借阅期限快结束了，才急急忙忙地读完……我们太在意读书这件事本身，却很少去思考自己到底为什么要读书。我们每天花费在工作上的时间超过八个小时，却未曾花费几分钟的时间好好思考自我。

这样一来，在还没有理清自己的烦恼和愿望的状态下，我们就被"多读书"这一观念驱使着开始读书。

这都还不是没有设定好关键词，这根本就是连关键词的意思都还没弄清楚，所以才无法采集到信息。总之，这是在没有进行任何思考的状态下去读书。

这就相当于——在餐厅点餐时，问厨师"我想吃什么来着"，厨师也很难回答；在面试工作时，问面试官"我为什么想进这家公司呢"，面试官也不可能回答上来。

同样地，如果你问一本书的作者："我读这本书是想知道些什么呢？"作者也只能回答："我怎么知道？"

答案存在于自己的心中，要想从书中采集到信息，就必须在开始阅读之前亲自找到这一问题的答案。

使用关键词的聚焦功能

书店和图书馆里摆放的书数量庞大，若要从中挑选一本，首先要选择书的类别。以本书为例，本书属于读书方法类或读书类。此外，还有健康、礼仪、工作方法、金钱、育儿等各种类别的图书。

在图书馆，我们会去自己感兴趣的类别的书架上寻找图书，通过浏览书名和腰封宣传语，拿起想要的那本；在书店，我们总是不假思索地走向某个特定类别的区域。也就是说，我们知道自己对什么类别的信息感兴趣。

我们之所以阅读某个类别的书，是因为我们做不好这类事或者想尝试做好这类事。而采集信息的诀窍就在于，拆解自己的烦恼和愿望，并将其提炼为关键词。

例如，在阅读本书的读者中，想必很多人有着"无法通过阅读采集到信息"的烦恼，而"阅读"就是本书的类别，"采集信息"就是烦恼或愿望。

也就是说，为了从无法通过阅读采集到信息（A）变为能够通过阅读采集到信息（B），即为了从A状态变为B状态而选择阅读本书。

如果首先设定好"无法采集到信息"这一关键词，然后阅读本书开头的前言，那么当读到如下内容时，大脑"天线"就会接收到信号。

．之所以读完一本书之后却不记得书中的内容，毫不客气地说，是因为在开始阅读之前我们没有设定好关键词。

．即使读同一本书，有的人能采集到想要的信息，而有的人却不能，两者唯一的区别在于是否在开始阅读前设定好了关键词。

能通过阅读采集到信息的人，很清楚与图书类别相关的关键词（阅读的目的）是什么，在阅读时能将注意力集中于此，因而能采集到信息。只要明确了目标，意识就会朝着这个目标前进。

如果没有关键词，大脑就不知道该把注意力的焦点对准哪里，就像是在失焦状态下阅读一样。因此，关键词可以起到聚焦的功能。

在第二章中，我会详细说明如何设定关键词。

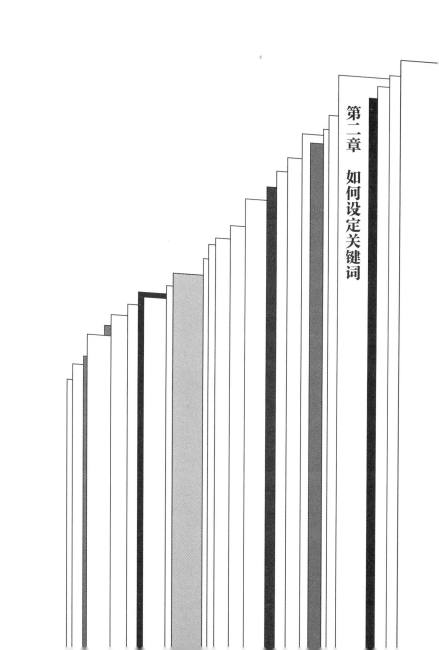

第二章　如何设定关键词

用关键词拆解想知道的信息

信息采集公司接到客户的订单里，包含了客户想知道的信息的关键词。

因此，你不妨也试试将想知道的信息（烦恼和愿望）拆解为关键词。

也许你会觉得这是一项新的挑战，但实际上，只要你使用过Twitter或搜索引擎，那么你一定曾无意识地将想要的信息拆解并提炼为关键词。

假设你去横滨剧场观看了宇多田光的音乐会，听到现场的美妙歌声，大为感动。剧场里的观众多达12000人，你想知道其他观众有什么样的感受。

于是，在回家的路上，你一定会在Twitter上搜索"宇多田光"和"横滨剧场"这两个关键词吧？

我将这一搜索行为描述如下：首先，将想知道的信息"听了在横滨剧场举办的宇多田光音乐会的人的感想"进行拆解；然后，拆解出能概括内容的关键词"宇多田光"和"横滨剧场"；最后，输入关键词进行搜索。

也就是说，这是一个将想知道的信息提炼为关键词并进行采集的过程。

如果只搜索"宇多田光"这一个关键词，就会出现很多与音乐会无关的信息。因此，要使搜索结果更加精确，关键在于增加一个关键词"横滨剧场"。

另外，如果想回顾一下宇多田光在音乐会上的致辞部分具体说了些什么，就再增加一个关键词"致辞"，同时搜索"宇多田光""横滨剧场""致辞"三个关键词；如果想回顾一下这次音乐会的曲目，就把关键词"致辞"替换掉，搜索"宇多田光""横滨剧场""曲目"。只要按下回车键，搜索引擎就会显示出符合条件的结果。看到这些搜索结果，你会因有人与自己怀有同样的感受而感到高兴，会因有人清楚记得音乐会的细节而十分佩服，会因看到有人以不同的视角进行解读而大有收获。

"与"逻辑的搜索关键词

信息采集工作其实非常有趣，在获得了正好需要的信息时心情就会无比畅快，了解到迄今为止都不知道的事时会感到喜悦，因增长了见识会变得更加自信……

在使用Twitter和搜索引擎时都能实现这样的良性循环，为什么在阅读同为文字媒介的书籍时却做不到呢？

这是因为，你还不知道和主关键词并列的"与"逻辑的搜索关键词是什么。

若用前面的例子进行说明，就是大脑在确定好"宇多田光"这一个关键词后就停止了思考，怎么也想不出来与真正想知道的信息有关的"横滨剧场""致辞""曲目"等关键词了。

就阅读而言，主关键词是书的类别，比如本书是关于读书方法的，因此属于"阅读"这一类别。如果你有什么与阅读有关的缺陷或烦恼，也许就会拿起本书。但是，你究竟想知道与阅读有关的什么信息呢？

"阅读"ד？？？"

　　如果不能明确"？？？"这部分的内容，就无法采集到你想要的信息。

　　截至2020年1月，用Google搜索"宇多田光"会显示约1000万条搜索结果。真不愧是日本的大歌星，这个数字真是惊人。虽然也不是不能一条条全部看完，但那样做实在太花时间了。因此，为了尽早找到想要的信息，并确保那确实是自己想要的信息，应该进行"与"逻辑的搜索。

　　另外，像本书这样的经管类的书籍，一般来说，平均每册有约10万字。这个数字也非同小可，这10万字可以说是大量词句的罗列，如果你至今为止都很难通过阅读采集到信息，那么你很可能是在没有设定"与"逻辑的关键词的情况下进行阅读的。

　　试想一下，如果在使用搜索引擎时也这么做，那么应该很容易就能明白，妄想在不设定"与"逻辑的关键词的情况下采集到信息，这种做法有多么欠考虑。

阅读时，偶然翻开的一页上刚好就写着自己想要的信息，很少有这样天上掉馅饼的好事。绝大多数情况下，需要我们踏踏实实地耕耘自己的内心，设定好"与"逻辑的搜索关键词，并努力寻找与之相关的信息究竟在何处，否则就采集不到信息。

参考他人的关键词

接下来，让我们试试如何把想采集的信息提炼为关键词吧。

"阅读"×"？？？"

请试着写出3～5个能替换掉"？？？"的关键词——如果我提出这一要求，你能否顺畅地写出来呢？

我自己在阅读关于读书方法的书时，没能顺利写出"？？？"的部分。虽然大概明白自己想知道些什么，却没办法将其提炼为关键词。

这是因为对我来说，关键词是由客户决定并告知我的。"请收集与'××××'这个关键词有关的信息。""好的，我知道了。"——这是我进行信息采集的一般模式。也就是说，我在关键词方面很被动，从未想过"自己的关键词"这种东西。

那时，正巧我和朋友去唱卡拉OK。唱到后面，我能想到的歌都点过了，不知道接下去该唱些什么了，好在点歌机上的"点歌记录"这项功能帮助了我。

【近期点歌记录列表】

时代（中岛美雪）

Cherry（Spitz）

恋爱幸运曲奇（AKB48）

Lemon（米津玄师）

不要认输（Zard）

荣光的架桥（柚子）

UFO（Pink Lady）

那天我们使用的点歌机的类型是"Live Dam Stadium"，保存着1000首之前的顾客的点歌记录。

我从第一首开始往下滑动浏览，发现了很多我能唱的歌曲。"也许我也能唱好《时代》这首歌。""说起来，我以前经常唱《UFO》呢。"突然，我灵光一闪：这种方法，也能用在寻找关键词上吧。

"并非通过自我审视，而是通过对方来反观自己，由此发现新的问题点。"

这是花样滑冰运动员羽生结弦在其著作《筑梦人生》中所说的一句话。在索契冬奥会上，他通过仔细观察最强劲的对手——加拿大选手陈伟群的表演，拼命思考如何才能赢过他，自己还有哪些不足之处，并最终夺得了金牌。

而我在唱卡拉OK时，并非是自主思考自己到底能唱什么歌，而是通过他人的点歌记录找到了自己能唱的歌。

这种通过观察他人的行为来进行自我反馈的方法，一定要尝试用在寻找关键词上。

从现在开始，你要做的并不是自主思考自己的关键词是什么，而是通过他人的关键词来发现属于自己的关键词。

借助于搜索引擎的提示功能

虽说想知道他人的关键词的内容，但也不可能逢人便问"你的关键词是什么"。

这时就要使用搜索引擎的提示功能。想必很多人都知道，在搜索栏里输入关键词后，若再输入一个空格，此时出现的下拉选项就是搜索提示。

提示（Suggest）在英语中是"提出建议"的意思，电脑会在空格后做出预测并提出建议："你想进行'与'逻辑搜索的是这个吗？"而这就类似于他人的关键词。

Google 搜索最多可以显示八个提示关键词，而 Yahoo 最多可以显示十个。

想要不给任何人添麻烦，完全靠自己来收集他人的关键词，这是唯一可行的办法。

我试着在 Google 和 Yahoo 的搜索栏里输入"阅读"，然后再输入空格，出现的提示关键词如下。

【"阅读"× 提示关键词】

Google：英语、效果、推荐、咖啡店、App、插图、记录、椅子

Yahoo：效果、推荐、插图、优点、App、椅子、音乐、用英语怎么说、咖啡店、灯光

虽然通常来说，通过Google和Yahoo这两个搜索引擎得到的搜索结果会有所不同，但与"阅读"相关的关键词却有很多是相同的，如"效果""推荐""咖啡店""App""椅子"等，这代表了很多人都很关心这几个事项。

不过，不能因为知道了搜索引擎提示的这8～10个关键词，就觉得自己差不多知道了与读书有关的所有关键词。这就相当于只看了Yahoo热闻就觉得自己掌握了世间一切动向，如果不进行更加仔细的搜索，是无法发现那些自己感兴趣的新闻的。

所以，有必要更深入地挖掘关键词，寻找那些能触动你的关键词。

按顺序浏览提示关键词

在这里，我想向大家推荐按五十音①的顺序把提示关键词全部挨个儿浏览一遍的方法。

· "阅读" × "a"

· "阅读" × "i"

· "阅读" × "u"

像这样，从 "a" 到 "wa" 全部浏览一遍，就能了解到在日语中与读书有关的所有关键词。在这里，我从五十音中各举一个例子，为大家展示实际的搜索结果。

【"阅读" × 按五十音的顺序检索到的关键词】

a行②：记不牢、没意义、手腕疲劳、

———————————

① 五十音，又叫五十音图，是将日语中的假名以母音、子音为分类依据所排列出来的图表。

② 日语五十音图中，母音相同的发音排在同一行。

Evernote[①]、推荐

ka 行：咖啡馆、记录、脖子痛、荧光笔、诀窍

sa 行：册数、无法集中、速度、画线

ta 行：如何享受、获得知识、一个月读几本、转眼就忘、图书馆

na 行：忘记内容、热门作品、摘要、犯困、笔记本

ha 行：速读法、没必要、便签、头灯、选书的方法

ma 行：思维导图、无法掌握、没有意义、眼睛疲劳、目的

ya 行：没用、画线、好读的书

ra 行：轻松的姿势、数量、放大镜、评论、日志

wa 行：忘记

---

① 一款笔记软件。

如此看来，人们是怀着各种各样的想法在搜索
"阅读"这个关键词的。将这些关键词与你的价值取
向相对照，是否发现了能触动你的关键词呢？

也许你会觉得"正是这个词"，又或许会想"这
么一说，这个词也让人很在意"。如果能发现那些让
自己很在意的词，心情也会不知不觉地变好吧。提示
关键词替我们展现出了那些虽然看不见、摸不着，但
却实实在在地存在于我们心中的情感。

因为搜索引擎不具有感情，所以它不会揣度向搜
索者提议使用这样的关键词是否会显得没礼貌。从未
经过滤的繁杂的关键词中寻找能触动自己内心的词
语，这着实是一件让人欣喜的事。

将提示关键词进行分组

接下来，让我们将刚才按五十音的顺序收集到的
关键词进行大致的分组。

【"阅读"×五十音开头的关键词×分组】

1.无法顺利收集到信息

→转眼就忘、记不牢、忘记内容、无法掌握、忘记

2.在意速度

→速度、速读法

3.读书时的姿势和状态有问题

→手腕疲劳、脖子痛、犯困、无法集中、眼睛疲劳、轻松的姿势

4.希望得到达人的指导

→推荐、诀窍、热门作品、如何享受、选书的方法、好读的书

5.否定读书本身

→没意义、没必要、没用

6.想知道别人的阅读量

→册数、一个月读几本、数量

7.读书笔记

→Evernote、记录、画线、摘要、笔记本、思维导图、评论、日志

8.读书用品

→荧光笔、便签、头灯、放大镜

通过对关键词进行分类，我们可以了解到人们有什么样的关于阅读的烦恼，关心什么样的事项，这样一来，我们的眼光就能看得更长远。好比不只看见一棵树，而是看见整片森林一样，我们不只发现一个关键词，而是发现很多的关键词。即使之前的认识还模糊不清，只要纵观整体，便能全方位地认清实际情况。

与读书有关的提示关键词可以分为八类。

大家关于读书的主要烦恼是无法采集到信息，以及无法快速阅读，也有很多人是希望改善自己读书时的姿势和状态，或是想知道他人的阅读量和做读书笔记的方法。

另外，有的人非常积极向上，希望能得到达人的指导；有的人对读书持否定态度，认为读书毫无意义。正所谓价值观因人而异，但现在正在阅读本书的你，想必一定是前者吧。

按顺序了解提示关键词

作为以从大量文字中采集信息为业的信息采集员，我是以无法很好地采集信息的人为对象撰写本书的。因此，下面让我们一起按五十音的顺序来看看与"信息采集"相关的关键词。

【"信息采集"× 按五十音的顺序搜索得到的关键词】

a行：天线、Instagram、擅长的人、营业、慢

ka行：公司、关键词、钻研、搜索、高效化

sa行：网站、费时间、手机、整理、来源

ta行：重要、调查、Twitter、技巧、擅长

na行：内容、不擅长、毫无遗漏、素材、诀窍

ha行：快、听力、Facebook、不擅
长、书

ma行：总结方法、Mixi①、没用、优点、
目的

ya行：做法、YouTube、读法

ra行：Line、实时、规则、报告、论文

wa行：话题

这些关键词都是很容易联想到的，对吧？

接下来将这些关键词进行分组。不管怎么说，最
先引人注意的一定是英文单词："Instagram""Twitter"
"Facebook""Mixi""YouTube"和"Line"。如今，社
交软件已不仅仅用于与朋友交流，还被用来采集信
息。也就是说，社交软件起到了搜索引擎的功能。

此外，有人因为"慢""费时间""不擅长"而烦
恼，也有人想学习"钻研""高效化""技巧""总结
方法""规则""做法"。

① 一个日本的社交网站。

这些关键词的构成和与"阅读"有关的关键词大致相同。

通过对关键词进行分组，你可以知道自己比较关心该关键词中的什么事项，有哪方面的烦恼，这样一来，大脑"天线"对于与设定好的关键词属于同一领域的其他关键词也会有所反应。

前面提到的"宇多田光""致辞"的例子中，除了"致辞"以外，诸如"讲话""说话方式"一类的关键词也会引起你的注意。

"宇多田光质朴的致辞很棒。"

"宇多田光的讲话部分，虽然有点结结巴巴的，但也挺好。"

"宇多田光唱歌时很帅，说话时很可爱。"

"宇多田光的说话方式和藤圭子很像啊！"

虽然搜索引擎只能搜索已输入的特定关键词，但我们却能识别和处理近义词等类似表达，这是人类所拥有的绝妙能力。在阅读过程中留意到的关键词越多，从这本书中采集到的信息量也就越大。

关联关键词获取工具

　　读到这里，我想大家已经明白如何按五十音的顺序挨个儿浏览提示关键词来找到属于自己的关键词了。只是，这很花费时间。从"a"到"wa"一共有44个发音，即使浏览每个发音开头的词只需15秒钟，全部浏览完也需要约10分钟。虽说只是短短的10分钟，但我们的工作、生活如此忙碌，想要抽出这10分钟也绝非易事。

　　因此，对于没时间、怕麻烦的读者，我在这里想介绍一个系统语言为日语的"关联关键词获取工具"（http://www.related-keywords.com/）。

　　只需要搜索一次，该网站就能将Google上的提示关键词全部显示出来，包括从平假名"a"到"wa"，从英文字母"A"到"Z"的所有关键词。与其说知道这个网站就等于赚到了，倒不如说不知道的话就等于亏了，这个网站真的非常便捷。

请试着打开网站，在首页左上方的"检索关键词"一栏里输入"阅读"，并点击"开始获取"。

每个发音开头的提示关键词会显示十个，短短一瞬间就会显示总计约700个提示关键词。

真是太快速了！从这个网站上寻找自己感兴趣的关键词和纯靠自己凭空想象关键词相比，究竟哪一个效率更高，已经不言自明了。

从今往后，在开始阅读之前，首先，用"关联关键词获取工具"搜索书的类型和主题，大致浏览一下他人的关键词；然后，从中挑选出几个有感觉、能触动你的关键词；最后，记住这些关键词，并开始阅读。努力做到"能动地阅读"，主动采集自己想要的信息吧。

在读完一本经管类的书之后，有的人会至少尝试一种书中的方法，并将其付诸实践。如果要尝试一种本书中的方法，那么请一定要试试使用这个"关联关键词获取工具"。

通过关键词深入了解自己喜欢的事物

"关联关键词获取工具"除了可以用来搜索让人心生感触的关键词，还能用于加深对自己喜欢的事物的了解。

例如，日本职业棒球选手铃木一郎于2019年3月选择退役，曾令许多人感到大为惋惜。毕竟他是日本国民级的棒球巨星，想必本书的读者中也一定有他的粉丝吧。下面，我将介绍一个按五十音的顺序搜索"铃木一郎"所得到的结果。

【"铃木一郎" × 按五十音顺序搜索得到的关键词】

a行：爱犬、退役见面会、手表、艾米①、有趣的T恤

ka行：咖喱、兄弟、挑食、血型、神户

sa行：墨镜、身高、棒球鞋、出生日

---

① 即艾米·弗兰兹，铃木一郎的粉丝，在Facebook上记录着铃木一郎的击球数。

期、长得一模一样

ta行：体脂率、智辩和歌山[①]、总计击球率、天才、登场曲

na行：眼泪、针织帽、刷新纪录、年薪、野茂[②]

ha行：滨田雅功[③]、安打数、古畑任三郎[④]、变装、本名

ma行：西雅图水手队[⑤]、美津浓[⑥]、川崎宗则[⑦]、名言、订立目标

ya行：美国职业棒球大联盟、Yunker[⑧]、新娘

① 即智辩学园，位于日本和歌山，是一所棒球名校。

② 即野茂英雄，日本职业棒球选手。

③ 一位日本搞笑艺人。

④ 一部日本经典的警探推理电视剧。

⑤ 铃木一郎曾效力于美国职业棒球大联盟的西雅图水手队。

⑥ 日本美津浓株式会社于1906年创立的运动品牌。

⑦ 前日本职业棒球选手，于2011年加入西雅图水手队。

⑧ 日本佐藤制药株式会社生产的一个营养补充剂品牌。

ra行：跑垒本垒打、父母、程序、激光束、罗马字

　　wa行：世界大赛

　　各位铃木一郎的粉丝读者们，你们知道这些关键词都各自指代什么吗？

　　我想谁都知道"退役见面会"和"西雅图水手队"，但或许有人不知道铃木一郎的"手表"和"登场曲"等，并且应该有很多人是记不住"总计击球率""安打数"等铃木一郎打破纪录的具体成绩的。

　　浏览完"关联关键词获取工具"所列出的约700个关键词，即使是以"铃木一郎狂热粉丝"自居的人，也会深感自己的相关知识中还有很多错误和疏漏之处吧。因为有自己不明白意思的关键词而感到不甘心，所以拼命查询相关信息，最终能更全面、更深刻地了解铃木一郎。

　　与学校强制让学生学习课程不同，这是一种自主学习，是为了进一步了解自己喜欢的人或事物，它令人很开心。当你遇到讨厌的事或想要逃避现实时，请

一定试着投入到这样的自主学习中去。

另外，关于最近新关注的名人或运动员的基本信息，也可以使用这个"关联关键词获取工具"高效地收集到相关信息。

以世界级摇滚组合"皇后乐队"在2018年大热的音乐电影《波希米亚狂想曲》为例。在皇后乐队处于全盛时期时就对其有所了解和关注的人，至少已经50多岁了，这些人也是在日本泡沫经济高峰时期出生的那一代，而年轻一代里有很多人想必是在看了这部电影后才知道主唱佛莱迪·摩克瑞的。我便是如此，看完电影后，我想了解更多关于他的信息，就用"关联关键词获取工具"搜索了"佛莱迪·摩克瑞"。

【"佛莱迪·摩克瑞"× 按五十音的顺序搜索得到的关键词】

　　a行：阿迪达斯、移民、温布利球场、艾滋、歌剧

　　ka行：帅气、肌肉、皇后、结婚、孩子

　　sa行：作曲、死因、运动鞋、性感、个

人活动

　　ta行：背心、父亲、追悼音乐会、天才、和病魔作斗争

　　na行：名字的由来、日本、玩偶、猫、诺薇雅化妆品

　　ha行：牙齿咬合、热门歌曲、讣告、发型、本名

　　ma行：妈妈、MV、儿子、玛丽、前妻

　　ya行：瘦了、YouTube、幼年期

　　ra行：Live Aid、父母、根源、Radio GA GA、罗杰·泰勒

　　wa行：笑笑也无妨[①]

　　与铃木一郎不同，我对佛莱迪·摩克瑞并不熟悉，因此在出现的关键词中，很多我都不知道具体指代什么。比如一开始搜索到的"阿迪达斯"，我完全不知道这指的是什么。进一步搜索后才知道，电

────────────

[①]　一档日本的综艺节目，邀请日本本土或世界级的当红明星与观众进行互动。

影中的高潮部分，也就是最后20分钟的慈善音乐会"Live Aid"上，佛莱迪穿的运动鞋是由阿迪达斯公司生产的。

知道了这一点后，我在大脑里设定好"阿迪达斯"这个关键词，并在YouTube上又看了一遍Live Aid的视频，发现佛莱迪当时穿的确实是阿迪达斯的运动鞋。然而，当初在电影院的大屏幕上观看电影时，我完全没注意到这一点。正所谓"人只能看到自己想看到的东西"，不仅限于读书，看电影也是如此。

因为有歌迷多次前去电影院观看，使得电影《波希米亚狂想曲》的热度居高不下。但在去看了五六次的观影者中，没有多少人注意到佛莱迪穿的运动鞋是阿迪达斯的吧？可我却能注意到被他们忽略的这个细节。设定了关键词的人和没有设定关键词的人，即使看到相同的东西，吸收到的信息量也是迥然不同的。

像这样通过"关联关键词获取工具"深入挖掘自己喜欢的事物，就会发现自己感兴趣的关键词存在着共同点。

比如，对"铃木一郎 爱犬"和"佛莱迪·摩克瑞 猫"这类关键词组合感兴趣的人，可能是想养宠物，或者是想要救助动物吧。

根据对这些关键词的反应，就能判断出自己对什么样的事物感兴趣，关心哪些事。可以说，通过"关联关键词获取工具"能够让我们更深入地了解自己。

通过目标关键词实现"节能"

在脑海中设定好关键词后再开始阅读的好处是，能看到迄今为止没能看到的事物，并实现阅读的"节能模式"。

比如，眼前有一份《读卖新闻》①的晨报，如果有人对你说："从现在开始的一分钟内，如果你能找到关于昨天读卖巨人队②的比赛结果的报道，我就给你100万日元！"那么，你会采取什么样的阅读方式呢？

你极有可能会直接跳过报纸前半部分的政治、经济、国际等版面，直接翻到体育版面，并寻找写有

① 日本一家十分具有影响力的全国性报纸。

② 日本一支隶属于读卖新闻社的棒球队。日本的公司会将收购体育队作为一项投资，被收购的队伍将属于该公司。

"职业棒球"一词的标题，希望从中找到有关巨人队的报道。想必没有人会在明明必须在一分钟内找到有关巨人队的报道的情况下，还拿起报纸读每日连载的四格漫画、电视节目栏的电视剧梗概，或者讣告栏的人名吧。

在这个例子中，因为我们预想到了职业棒球的比赛结果会刊登在体育版面上，便对其他版面有些"放松警惕"。

不把力气花费在所有文章上，这一点在阅读时非常重要。

曾经，在一档电视节目中，花样滑冰选手浅田真央解说了自己在索契冬奥会上8次全部成功完成6种三周跳的"传说中的自由滑"。在自由滑完成前半部分后，她一度停下跳跃的动作，而在后半部分开始后，浅田真央解说道："这时正在休息。"对于没有跳跃和激烈步伐的滑行，浅田真央本人认为是在休息，而外行人只会觉得她是在全力滑行。

同样地，在马拉松比赛中，获得第一名的跑者会说："在前30公里，我跟着领跑人的速度跑，以保存体力……"在本人看来这是在保存体力，可在外行人眼中却是在疾速奔跑。

运用体力时张弛有度，可以说是资深运动人士的做法。

而读文章的资深人士，也就是专业信息采集员，他们每天工作8小时，一直都在读文章。这么长的时间里，他们能一直保持专注吗？

不管他们有多么专业，这恐怕也很难做到，至少我的大脑没有那样充沛的精力。所以，虽然从动作上看，他们是一直在读文章，其实是边读边在适度地休息。

阅读经管类书籍时的"休息时刻"

在我所在的公司，专业信息采集员必须在阅读报纸、杂志时找出包含客户委托的1500多个关键词的报道。不过，出于多年工作经验所形成的直觉，他们会将不少页面判断为并不包含任何一个关键词的部分，在阅读一些不重要的篇章时采用"节能模式"，一边休息一边阅读，这样才能有精力读一整天的文章。

如果你认为读书很累人，那么你是否是从第一页到最后一页都在用尽全力地仔细阅读呢？其实，经管类的书中有三种内容可以用跳读的方式一边读一边休息：第一，已知信息；第二，作者的自夸；第三，公司和商品的宣传。

第一种情况，已经知道的事情不管读多少遍都一样；第二种情况，对于作者的自我夸耀和英勇事迹，左耳朵进、右耳朵出就好；第三种情况，如果认真地阅读宣传语，只会正中作者将出版与商业挂钩的下怀。

有关这三种内容的篇章便是阅读过程中的休息时刻，特别是第二、三种情况，出现关键词的可能性极低，无须在这种地方浪费精力。

如此一来，只要设定好关键词，不仅能顺利采集到想要的信息，还能拥有一边阅读一边休息的余裕。学会分配精力不仅是花样滑冰选手和马拉松选手必备的技巧，对于阅读爱好者而言也是十分重要的。

这种做法并非是在偷懒，而是一种阅读诀窍。对于那些你判断为不包含关键词的篇章，就用节能模式来阅读吧。

独自一人进行信息采集

我所在的信息采集公司的业务内容是替客户采集其需要的信息，并收取费用。用阅读来打比方，就相当于替"自我股份有限公司"采集其需要的信息，并支付购书费。

也就是说，阅读相当于独自一人进行信息采集。最近，越来越多的人尝试独自一人唱卡拉OK、看电影、吃烤肉等，那么，也请以独自一人采集信息的感觉来进行阅读吧。

正如信息采集公司从客户那里收到包含关键词的订单一样，你也会向自己提交包含"自我股份有限公司"所需要的信息的关键词订单，然后，靠自己去找出包含这一关键词的文章。

阅读是一项对自己的未来投资金钱和时间的活

动。一本书的价格多为1500日元①左右；虽然能免费借阅图书馆的书，但往返图书馆却需要花费时间。在本就忙碌的日子里，既然为阅读投资了这么多金钱和时间，就有必要尽全力获得回报，从阅读中采集到想要的信息。

在实际的信息采集工作中，会发生即使客户投入了金钱也没能获得回报的情况，即采集员没能找到包含被委托的关键词的报道。

下面，我将用一个虚构的事例来进行说明。

假设信息采集公司收到了一家食品制造公司的关于名为"Heru"②的商品的关键词订单。这是一种划时代的减肥食品，越吃体重就越轻。2018年9月16日，该食品制造公司邀请各大媒体，召开了一场盛大的产品发布会。一般来说，第二天的报纸理应会刊登有关"Heru"的报道。

然而，2018年9月16日刚好是歌手安室奈美惠引退的日子。第二天，也就是9月17日，关于安室奈美

---

① 折合人民币约90元。

② "Heru"与日语中的"体重减轻"一词发音相同。

惠的报道占据了众多版面，哪里都找不到关于"Heru"的报道。看到热门歌曲一览的板块里有"Hero"（NHK里约奥运会主题曲）的字眼，采集员一瞬间激动起来，然而遗憾的是，他不过是看花眼了。

无论采集员如何拼命寻找，都只能找到"Hero"，连一篇包含"Heru"的报道也没看到。虽然很愧疚，但公司依然要收取采集费用（在承接订单时就已经收取）。

类似于安室奈美惠引退这种事先就知道日期的事情还算好的，可以主动避免在同一天召开产品发布会，但像自然灾害和名人结婚、去世、被捕等重大新闻，由于是突然发生的，如果报纸、杂志被这类新闻占据了版面，就不会刊登产品发布会等的报道。对于客户而言，付了钱却没有任何收获，肯定会觉得自己遭受了损失吧。

独自一人采集信息也是一样，因为要预先支付买书的钱，所以，如果找不到自己想要的信息，那就太亏了，毕竟谁也不想花冤枉钱。能否通过阅读找到自己想要的信息，完全取决于自己，我们只能尽全力去寻找。

恰到好处的关键词

我通过使用"关联关键词获取工具"找到了很多自己感兴趣的关键词，同时也发现了很多由客户委托我们调查的关键词，恐怕总计已超过1万个。

如果在第一步——设定关键词环节上出了问题，就无法得到想要的信息，因此大家都会认真思考应如何设定关键词。而这些关键词中有一类非常恰到好处，我们很容易就能通过它们明白客户发出委托的原因。

近来，被合称为"GAFA"的四大网络平台席卷世界经济，如果Google公司委托我们进行关于Apple、Facebook和Amazon这三个关键词的调查，其目的一定是为了了解竞争对手的动向；而如果委托的关键词是Gmail和Google Home，那么多半是为了了解自家公司产品的市场知名度和消费者的评价吧。

像这样，只要看到这些恰到好处的关键词，不用询问也能想象出客户发起这一委托的目的。

【来自Google公司的关键词调查委托】

·Apple、Facebook、Amazon → 想知道竞争对手的动向

·Gmail、Google Home → 想知道自家公司产品的市场知名度和消费者的评价

即使不是像Google公司这样广为人知的公司，如果委托的关键词是"免费加班"和"过劳死"，就会让人猜测这家公司是不是工作制度有问题，或者是不是一家黑心企业等，或多或少能通过委托订单察觉到客户的状况（虽然真实情况并不清楚）。

假设现在收到一份来自"阅读股份有限公司"的有关"自我启发"和"实现愿望"这两个关键词的调查委托，你会有什么感受？你一定会觉得有些茫然，让人摸不着头脑，认为这两个关键词没有触及委

托的核心目的，在关键词的设定上还可以再深入挖掘一下。

但如果委托关键词是"不进脑子"和"忘记内容"，便可推断出这家公司也许正在研究知识输入的课题；如果委托关键词是"笔记本""便签""画线"，便可想象到这家公司也许正在探索知识输出的方法。

【来自"阅读股份有限公司"的关键词调查委托】

· 自我启发、实现愿望 → 推断不出委托的目的

· 不进脑子、忘记内容 → 推断出委托目的是研究知识输入的课题

· 笔记本、便签、画线 → 推断出委托目的是探索知识输出的方法

如上所述，在设定关键词时，请有意识地思考这个关键词在客观上能否清楚地展示出调查的目的。

空闲时事先查好关键词

我在坐电车上下班时发现，无论男女老幼，大部分人坐车时都在看手机。而且在早高峰时，即使车里人多得都快把自己挤扁了，他们依旧能开辟出一丝缝隙，灵巧地点击、滑动手机屏幕和打字。

有这种"高超技艺"的人，请一定要试试在这种时候打开"关联关键词获取工具"，提前找出你感兴趣的关键词。虽然在旁人看来，你只是在玩手机，但实际上你却在做着挖掘自己的烦恼和兴趣这一无比高贵又充满知性的事情。虽然这听起来完全是一种自我满足，但我真的非常建议你将玩手机的闲暇时间用在阅读前的准备工作上。

通过提高量来达到提升质这一"量变引起质变"的法则也适用于对关键词的选定。平时养成多看关键词的习惯，有助于提高对关键词的鉴别力。

要找出能触动自己内心的关键词，比起"读"关键词一览表，应该以"看"的感觉来纵观全局，挑出能让你产生共鸣的关键词，这需要反复练习。从10个关键词中挑出1个，和从700个关键词中挑出1个，得到的关键词的质量是截然不同的。

即使没能找到让你眼前一亮的关键词，或者不能确定自己的兴趣点到底该用哪个关键词来描述，也不要自怨自艾，而是要明白这是因为自己浏览过的关键词的数量还远远不够。

有时会有人在车站检票口前突然停下，到处翻找月票或乘车卡，给后面排队的人造成了不便，而明明他只要早做准备，就可以顺利通过检票口。对待关键词也应如此，不要等到要开始读书了才匆忙确定，而要平时就在脑子里储备好几个，这才是最为理想的状态。

读到这里，你应该已经基本明白寻找关键词的方法和步骤了，但这还不算结束。下一步是挑选出包含已设定的关键词的书，我会在第三章中对此进行详细说明。

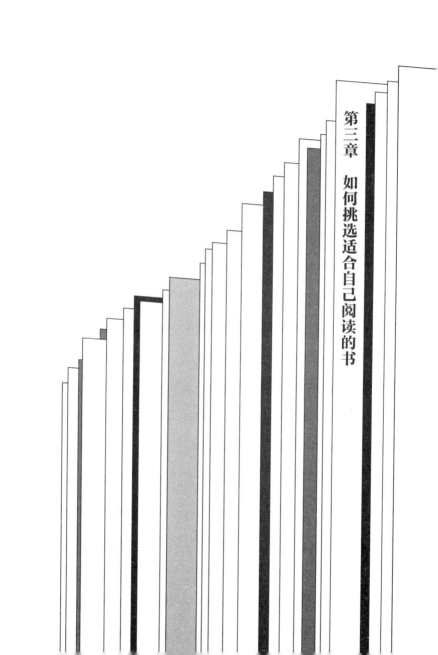

第三章 如何挑选适合自己阅读的书

选择你认为包含已设定的关键词的书

设定好关键词之后，下一步要做的就是挑选出包含这一关键词的书。

从压根儿就没有你想要的信息的书中寻找关键词，无论对谁而言都困难无比。这等同于从根本没有中签的签组里抽签，所以一定要避免做这种既浪费时间又浪费金钱的事。

在进入正题之前，请先回答我一个问题。

演员渡边谦——众所周知的阪神老虎队的狂热粉丝——在便利店买体育报纸，以下六种报纸中，你觉得哪种最适合他呢？

A. 日刊体育；B. 体育日本；C. 体育报知；
D. 产经体育；E. 每日体育；F. 东京中日体育

正确答案是"E.每日体育"。如果很快就猜中了，那么你应该是很了解各种体育报纸特点的人吧。

【体育报纸系列】

A. 日刊体育＝朝日新闻社

B. 体育日本＝每日新闻社

C. 体育报知＝读卖新闻社

D. 产经体育＝产经新闻社

E. 每日体育＝神户新闻社

F. 东京中日体育＝中日新闻东京本社

乍一看，这些体育报纸似乎没什么不同，但它们分别由不同的公司发行。

《体育报知》是读卖巨人队的所属公司读卖新闻社发行的，因此，其中必然有大量关于读卖巨人队的报道。而发行《每日体育》的神户新闻社，因公司总部位于神户，因此会刊登很多神户当地的体育新闻，以及关于阪神老虎队的报道。

比赛后的第二天，只要没有什么其他特大新闻，关于阪神老虎队的报道就会独占前四个版面。我曾因工作的关系读过《每日体育》，对此有所了解，事实也的确如此。

总之，《每日体育》以"不为所动"而闻名。在2010年南非世界杯足球赛上，日本队战胜了喀麦隆队，但第二天的《每日体育》依然用了一整个版面报道下柳刚①结婚一事。节目《松子&有吉的愤怒新党》在"《每日体育》的新三大不为所动的整版报道"专题中对此进行了介绍，引发了热议。对于《每日体育》的报道而言，阪神比赛优先于世界杯比赛，这种优先顺序在其他体育报纸上是绝不可能看到的。

所以，作为阪神老虎队的狂热球迷，如果渡边谦读了《每日体育》，就能了解到很多他感兴趣的有关阪神棒球队的信息；如果他想也不想就买下了《体育报知》，最后一定会抱怨"怎么全是关于巨人队的报道"；而如果他为了符合自己"走向世界的渡边谦"这一形象，选择去读《纽约时报》（英文报纸），那

---

① 日本棒球选手，曾效力于阪神老虎队等。

么他不可能在上面找到有关阪神棒球队的报道吧。

搞笑艺人组合"Speedwagon"的成员井户田润（出生于爱知县，是中日龙队①的球迷）曾参加过人气电视节目《Ametalk!》的"喜欢读体育报纸的艺人"专题，他在节目中说："我爱读《东京中日体育》。"从信息采集的角度来看，这是正确的做法。是阪神老虎队的球迷，就读《每日体育》；是巨人队的球迷，就读《体育报知》；是中日龙队的球迷，就读《东京中日体育》。

为了获得想要的信息，选择（你认为）会出现已设定的关键词的媒介，这一点很重要，而读书时也同样需要这样做。

---

① 一支隶属于日本职棒中央联盟的球队。

组织聚餐与选书的共通之处

当选择包含已设定的关键词的书时，在很大程度上可以参考组织聚餐时的方法要点。

假如你要负责组织一次聚餐，首先要确定目标条件：××车站附近、居酒屋、酒水畅饮、参加人数、包间、人均不超过××日元等。其实，这也是在设定关键词。

首先，在"Gurunavi""Hot pepper""Tabelog"等美食网站上搜索符合这些关键词的店；然后，从搜索显示的结果一览中，挑选一家看起来不错的店。所有组织过聚餐的人应该都遵循了这个步骤。

即使没有组织过聚餐，总有过搬家的经历吧。寻找新居时，会设定包括房租、房间布局、步行到最近车站的时间、浴室和洗手间干湿分离①、楼层不低于二楼、没有押金或礼金②和有自动锁等条件，由此选择适合的房子。

无论是选择饭店还是选择房子，当有很多备选项时，首先要设定关键词，然后选择符合关键词的选项。

这可以说是"放之四海而皆准"的方法。其实你在日常生活中已经在无意识地使用这一方法了，只是不知为何没能把这一方法运用到读书一事上。

不论是谁，明明都会用心选择好饭店、好房子，却在选择好书这件事上掉以轻心。这是因为读书是个人行为，即使失败了也不会给别人造成麻烦，而且购买一本书也不过花费约1500日元，但选定房子后搬家却会花掉相当一部分存款。只要你做了他人没有做的事情，你就有机会与他人拉开差距。

---

① 日本房屋的卫生间多采用干湿分离的方式，洗手间与浴室分别在不同的房间。

② 在日本，租房除了押金、房租外，租客往往还须向房东支付一笔礼金，金额相当于1～2个月的房租。

参考读者评论时的注意事项

挑选饭店时，我们会使用"Gurunavi""Hot pepper" "Tabelog"等美食网站；挑选房子时，我们会使用 "Suumo""Home's""At home"等住房信息网。同理，挑选书时，我们要使用"Amazon""Booklog" "读书Meter"等读书网站。

首先，在各个网站的首页输入设定好的关键词；然后，浏览包含关键词在内的图书搜索结果一栏；最后，从中挑选出想读的书。按照这样的流程，将想知道的信息与要读的书进行匹配。

但是此时页面上显示的只不过是符合关键词的图书。

德国哲学家叔本华曾说过这样一句名言："阅读好书的前提条件之一就是不要读坏书，因为生命是短暂的，时间和精力都极其有限。"毕竟我们没有时间读完所有搜索到的书，既然如此，当然要选择读好书。

组织聚餐时，你不可能将在美食网站上搜索到的店一一进行实地考察。通常的做法是，从中挑出几个备选项，通过参考其他顾客的评价，再选出最合适的一个。

虽然如今不论什么事都能在网上查到很多相关的信息，但这些信息的参考价值仍旧比不过他人的实际体验。在这家饭店吃过饭的人的感想，是判断是否要选择这家饭店的重要标准。因此，在挑选书时，也一定要多多参考读者的评论。

有选择性地参考读者评论

在阅读读者评论时，有一点必须注意，那就是你并不清楚这条评论是由什么样的人写的。

假设号称"演艺界美食王"的寺门义人和渡部建给某家饭店打了一星，评价说"很难吃"；而一个不怎么看重饮食、只要吃饱了就满足的人，有可能会给这家饭店打五星，评价说"非常好吃"。也就是说，即使在同一家饭店吃同样的食物，不同食客的评价也不尽相同。

同样地，如果是读书达人读到本书，很可能会觉得书里净是些自己已经知道的内容，因而感到很无趣；但对于读书比较少的人，以及打算现在开始发奋读书的人来说，本书中可能写着很多对他们有所裨益的新观点。那些对一部分人来说是理所当然、不值一提的事，对另一部分人而言却可能是很有帮助的信息。

另外，有人会选择避开许多仅有一星、两星评价的书。然而，打差评的有可能是该书所属出版社的竞争对手，或者作者的敌人。因为这本书卖得很好，所以一部分人迄今为止所享受的利益受到了威胁，或者只是单纯出于嫉妒，对作者受到追捧一事感到不满，这部分人就会以打差评的形式对这本书发起攻击。

俗话说"文如其人"，通过读评论，基本上就可以知道写下这篇评论的人的才智和性格。写出诸如"读了5分钟就扔进了垃圾桶""当厕纸用了""当枕头枕着睡觉"这种粗鄙之言的人，很容易就能想象出他是个怎样的人。

在职场上或学校里，如果有人经常用恶言恶语攻击他人，我们会尽量不跟他扯上关系。在选书时也一样，需要对那些破口大骂的评价视而不见。

那么，在阅读读者评价时，到底应该以什么作为判断的标准呢？

以客观事实作为判断的标准

饭菜好吃或难吃，书的内容有趣或无聊，这些说到底都只是个人的评价，评星的数量也是如此，所谓评价和评星是最靠不住的。

五星好评有可能全是刷出来的，而为数不多的一星差评也有可能是符合真实情况的。仅仅因为Amazon上的读者评价很好就购买，很有可能会失手。

因为读书是出于个人兴趣的行为，所以不要被别人的主观感受带偏，要在自己心中制订判断标准。

因此，评论中可以参考的是描述客观事实的部分。拿餐饮店来说，下面这一叙述就是在陈述客观事实："在涩谷的Regate餐厅，一走出电梯就有服务员

迎上前来，说：'我替您保管外套吧。'"（出自《我喜欢店长的这一点：开一家受人喜爱的店所需的60种服务》，中谷彰宏著）

我去过这家Regate餐厅，确实如其所说，一出电梯就有这样的迎宾服务。"在餐厅入口处交由服务员保管外套后进店"是客观事实，而"迎宾的服务员让人感觉良好/糟糕"是个人评价。至于到底要不要去这家餐厅，判断标准一定是前者——客观事实。

【客观事实】以此为基础进行判断

·上菜速度快/慢

·一叫服务员就过来了/服务员怎么叫都不过来

·店里很干净/脏

·服务员没有说"欢迎光临"，反而私下的交谈声很大

【个人评价】仅作参考

·饭菜好吃/难吃

· 菜量大 / 小

· 价格贵 / 便宜

· 店里气氛很好 / 糟

就像日语片假名中的"ソ""ン"两个字一样，虽然长得很像，乍一看还以为是同一个字，但仔细辨认就能发现其中的差别。

因此，关于读者评价，有必要将混杂在一块儿的个人评价和客观事实仔细分辨出来。

【客观事实】以此为基础进行判断

· 写了些什么

【个人评价】仅作参考

· 内容有趣 / 无聊

· 有很多新见解 / 全是旧论调

· 很喜欢 / 讨厌这种写法和行文节奏

关于阅读的客观事实就是书的内容，也就是书里写了些什么，而在读者评论中多次出现的关键词能够帮助你在正式阅读前判断内容的好坏。

关注频繁出现的关键词

下面以读书网站上有关本田健所著的《我们只能实现已经决定好的未来》一书的评论（部分有改动）为例进行说明。

- 有关汇聚点的想法很让人吃惊。
- 只要设定好汇聚点，日常生活中便会产生共时性。
- 介绍了利用共时性的成功法则。
- 如果设定了汇聚点，似乎就会产生共时性。
- 当产生共时性时，能感知到其存在的感性非常重要。
- 明确自身的愿望并设定汇聚点，这很重要。

· 我每天都激动不已地想要追逐共时性。

· 我对共时性这一概念深有体会。

· 希望我能通过设定汇聚点引发共时性，最终实现愿望。

虽然无法从这些评论中了解该书的详细内容，但我们可以推测，书中主要介绍了汇聚点和共时性。

毫不相干的几个人不可能不约而同地写下书中不曾出现的关键词，也就是说，当多个人在评论中写下了相同的关键词时，那么这个关键词就是书中提到的核心内容。

如果你对读者评论中所描述的客观事实感兴趣，并且想对其有更进一步的了解，就可以去读这本书；如果你无法理解这一客观事实的含义，或者认为它与自己的预想有偏差，那么就不必读这本书。

以频繁出现的关键词为参考，靠自主判断来进行最终取舍，这一点很重要。

书籍内容与作者简介同样重要

　　读完本书的读者也许会给本书写下评论（如果您能这样做的话就太感谢了）。

　　下面，虽然显得有些性急，但我想介绍一下在我的预想中读者会写一些什么样的内容。

　　首先是有关作者简介的评论。

　　★☆☆☆☆

　　这本书的作者只有30多岁，要写有关读书方法的书还是有点儿太年轻了。我觉得要写这个领域的得是有一定年纪和丰富的人生阅历的人才行。

　　★☆☆☆☆

　　作者说自己30多岁，已经读了4000本书，但鄙人迄今为止已经读了超过1万本，不得不说作者还是太嫩了。

　　★☆☆☆☆

　　作者自称读了4000本书，但读书不是

质量优于数量吗？而且世上也有"一朝遇此书，胜读万卷书"的情况。

　　虽然这三条评论都给人一种"想说什么就说什么"的感觉，但那种只关注评分，认为"连续三条评论都给出了一星的低分，还是别读这本书了"的人不在该讨论范围之内，我们必须认识到自己究竟在多大程度上受到了他人主观看法的影响。

　　我在前面提到，在阅读评论时需要留意那些被很多人提及的关键词。这三条评论中频繁出现的关键词是"30多岁"和"4000本"。我现在30多岁，目前读过4000本书。如果你是20多岁，那么我就比你年长；如果你已经50多岁，那么我就比你年轻。如果你像那位自称"鄙人"的读者一样已经读了一万本书，那么我的阅读量就比你小；如果你是最近才决定要多读书，那么我的阅读量就比你大。因此，如果你既比我年长，又比我阅读量大，就需要自主判断到底要不要读这本书。

　　在2018年的大学医学部的入学考试中，出现了以"因为是女生"为由而判定考生不合格的问题。只凭性别来决定是否合格，这实在是不合情理。

而只看了作者简介就给出差评的行为也是同样的性质。对于像前面三条评论那样的读者评价，一扫而过即可，应当仔细阅读的是像下面这样提到了书中内容的评论。

· 第一次听说信息采集这种工作。要一整天一直读文章、寻找关键词，这听起来很累，但说不定很适合喜欢文字的人。

· 在开始阅读一本书之前，先在大脑里设定好关键词，然后用搜索关键词的感觉来阅读。平时我们在网上搜索时都要先输入关键词才能获取信息，这么一说，确实读书也应该这样。

· 作者将自己在工作中使用的信息采集的本领运用到读书中，正所谓"得关键词者，得阅读"。

· 我意识到自己目前为止是真的在阅读

时什么也没想。今后，我要设定好关键词，以一个做信息采集工作者的状态来读书。

虽然这些评论都是我杜撰的，但若看到这样的评论，便可推测出本书的主题是关于"信息采集"和"关键词"。

"信息采集"和前面提到的"共时性"一样，如果没有读过这本书，你可能不知道这个词具体是什么意思。但也正因为这是没听过的新词汇，它很有可能会带给我们新的价值观启迪。只要抱有一丝这样的期待，就可以买下这本书。

快速采集读者评论中频出的关键词

读到这里，你应该已经明白，只要在浏览读者评论时留意频繁出现的关键词即可。

但问题是，这个步骤很花时间。你是否会希望电脑有这样一种功能，能快速告知你频繁出现的关键词的内容？

其实在Amazon里就有这种功能！

在Amazon网站上浏览读者评论时，用鼠标点击书名下方的"×条评论"，然后关注此时画面右侧最上方的"阅读提及的评论"这一板块。这里罗列着很多关键词，这就是读者评论中多次提到的关键词。

以本田健所著的《我们只能实现已经决定好的未来》的读者评论为例，"阅读提及的评论"这一板块中包含了"汇聚点"和"共时性"两个关键词。系统会自动统计并显示频繁出现的关键词，这样一来，我们就不必把读者评论从头到尾读一遍。真不愧是Amazon，很了解用户的阅读需求。

用鼠标点击"×条评论"后显示的画面中，大多数人更容易注意到左侧的评星栏，今后，请有意识地去关注右侧的"阅读提及的评论"板块吧。

新书尚无读者评论，如何判断是否要阅读

虽然Amazon的"阅读提及的评论"这一功能非常方便，但它仍然有一个缺点，那就是读者评论需要达到一定的数量。也就是说，只有从"多条评论"中才能提取出"多条评论中提到的关键词"。

而一本新书，无论它的话题度有多高，刚上市时的评论数都会很少。如果你无论如何都想马上读到这本书，那就直接去书店，靠自己的眼睛来确认关键词吧。

大致翻阅一下整本书，如果书里有自己设定好的关键词，或者有其他很吸引你的关键词，那就买下它，反之就放弃。

应该有不少人能明白这种感受：不知你有过在书店里仿佛被某本书呼唤着，看到书名的一瞬间与那本

书"四目相对"的感觉吗？

　　虽然我无法用科学观点来解释这一现象，但这种情况确实是存在的。也许可以说，这是因为我们与这本书"波长吻合"。

　　如果一本书里有能一下子就触动你内心的关键词，那么它会自己钻入你的眼底。到书店判断一本书是否值得阅读时，要全神贯注地快速翻阅。

开始阅读前，使用问答网站进行"预习"

当通过浏览读者评论发现某本书里包含自己想知道的信息时，便可以立刻开始阅读。只是，如果时间上有余裕，不妨先"预习"一下。

我们之所以要阅读经管类的书籍，是为了弥补自身的缺陷，提高某项能力。在这个广阔的世界上，有许多人有和我们相同的烦恼。

因此，请充分使用问答网站进行"预习"，搜索你设定好的关键词，看看会出现什么样的回答。

这时，需要再次用到在第二章介绍过的便利的"关联关键词采集工具"，这个网站能一次性显示700个 Google 网站上的搜索提示词，以及"Yahoo知道"和"告诉我！goo"上包含该关键词的提问。

例如，输入"阅读"和"输出"这两个关键词后，网站会显示"怎样输出才能更好地倒逼输入，掌握书中的内容"以及"我想在仔细研读书中内容后做到有效输出，但总是一本书还没读完就把前面的内容忘得一干二净，我该怎么办"等提问，你可以在了解他人对这些问题做出了怎样的回答后，再开始阅读关于读书方法的书。

你也许会心生疑惑："既然能在网上搜索到回答，那就没必要专门去书里寻找答案了吧？"事实上，网络上的信息鱼龙混杂，在一个与医疗相关的提问下面，即使回答者自称是医生，也不能保证他真的就是医生；而在一个关于如何减肥的问题下面作答的，也有可能是一个非常肥胖的人。

在与阅读相关的问答中，我们也无法判断回答者的阅读素养。即使是一个平常从不读书的人，也能写出看似颇有道理的回答。如果我们信以为真并付诸实践，那就糟糕了。

因此，有必要选择那些明确介绍了作者的经历和成就的书，选择那些可信度高的信息来做判断。

毕竟是成书出版面世，比起那些问答网站上的回答，书籍能帮助我们掌握更专业、更系统的知识。即使是对于"阅读时要留意关键词"这样简短的答案，以此为营生之技的我也进行了一番深入的挖掘，足足写了这么一本书出来。因此，请抱着对作者的敬意来阅读书籍吧。

➡

阅读效果的90%取决于准备工作

　　前面的第二、三章介绍的都是阅读的前期准备工作，恐怕迄今为止，你都跳过了这一步骤而直接翻开书页就开始阅读，所以才会没有任何阅读效果，没能获得想要的信息。

　　以跑马拉松为例，如果不加练习就直接上场参赛，是不可能跑出好成绩的。

　　日本的高桥尚子选手在悉尼奥运会上获得金牌后的第二年，在柏林马拉松大赛上跑出了2小时19分46秒的成绩，创下了当时的世界纪录。在大赛开始前，她说了这样一句话："我已记不清迄今为止到底跑过多少公里，但我知道，现在的我只有这42公里要跑。"在那场大赛之前，她一定进行过超乎常人想象的繁重训练，付出过艰苦卓绝的努力。无论是跑马拉松还是读书，万全的准备都会带来最好的结果。我把高桥尚子选手的这句名言稍做修改，赠予本书的读者。

> "我已记不清迄今为止到底查过多少资料，但我知道，现在的我只有这200页要读。"

设定好关键词，挑选出包含关键词的书籍，在问答网站上搜索相关问题来进行"预习"……利用网络进行大量查询之后，只需再进行约200页的阅读就能产出结果。

接下来，从第四章开始，阅读将进入实践阶段。

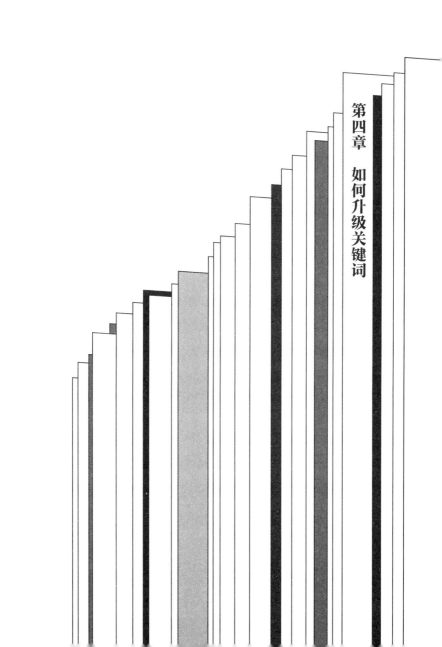

第四章　如何升级关键词

精心挑选的书也可能并不符合预期

即使在头脑中设定好关键词后再开始阅读，也可能会遇上各种意料之外的情况。

如果书中出现了很多你设定的关键词，你顺利地获得了想要的信息，这就是理想的阅读状态；如果这本书通俗易懂，且清楚地描述了成体系的知识，就会让人觉得非常值得一读，并且阅读后心生满足。即使书中介绍的是你已经知道的东西，但若能得知其中的科学依据，也有助于增加自信。这就好比在马拉松大赛上按照事先计划好的配速奔跑，最终成绩还刷新了自己的纪录。

然而，在实际的阅读中并不一定能如此顺利。即使花了大量时间搜索查询，挑选出了符合关键词的书，获得想要的信息这一愿望依然有可能落空。

好比跑马拉松时，赛道旁的观众对你喝倒彩（关键词被作者否定），中途突然跟丢了领跑员（关键词不再出现），又或者出现了新的竞争对手（出现新的关键词）……

在事情进展并不能如你所愿的时候，更要注意调整心态。

下面，我将介绍如何一边阅读一边应对各种意外的情况。

情况一：设定好的关键词遭到
作者本人的否定

例如，为了提高公司产品的销量，你决定学习市场营销，在开始阅读相关书籍前，你在头脑中设定好了"市场营销"这一关键词。

关于市场营销，有一个著名的"4P营销理论"，即 Product（产品）、Price（价格）、Place（渠道）和 Promotion（促销）四大要素。如果此时看到一本深入剖析这四大要素的书，你一定会觉得这正是自己要找的书吧。

于是，你怀着对学习"4P营销理论"的期待，开始阅读经济记者兼企业家木暮太一的著作《怎样才能畅销》，读到了书中这样的一句话："在考虑市场营销之前，首先要思考商品本身的属性。"

明明你干劲十足地打算学习市场营销，却突然有人对你说"在那之前还有别的事情需要考虑"，会不会觉得被泼了一盆冷水？

这就是设定好的"市场营销"这一关键词遭到作者本人否定的情形。那么，这种时候该怎么办呢？

只要最终目标相同，就不要放下书本

我先举一个例子，这个例子简明易懂。

假设你计划攀登富士山，并为此买了一本登山手册。手册上写着，富士山的登山路线共四条，分别是吉田路线、须走路线、御殿场路线和富士宫路线。其中，选择吉田路线的登山者压倒性地占据多数，因为这条路线上有很多登山小屋和救护站。而你也打算选择吉田路线。此时，你在阅读前设定的关键词就是"吉田路线"。

然而，一旦翻阅起书中的内容来，你渐渐地发现，作者似乎对能够最快登顶的富士宫路线情有独钟。读到后面，已经全是关于富士宫路线的解说，作者甚至还写道："吉田路线是四条路线中登山人数最多的一条，甚至会在山顶附近发生拥堵，因此，我不推荐这条路线。"这也是一种设定好的关键词遭到作者本人否定的情形。

这时，你需要考虑自己与作者的最终目标是否相同。

你的目标当然是登顶富士山，为了达到这一目的，吉田路线是否是你的不二选择呢？冷静思考一下，其实走富士宫路线也未尝不可。

"既然你如此强烈推荐富士宫路线，那就试着说服我吧！"虽然这种说法有些粗鲁无礼，但当自己设定的关键词遭到否定时，不妨以一种试探的心态，略微带着一些俯视的感觉来阅读，看看作者究竟能给出什么样的替代方案来。

世上万事并非仅有一解，能实现目标的路径也有无数条，很有必要倾听一下他人提出的那些你未曾想到的方案。

只要你和作者的最终目标是一致的，你最终能够做成自己想做的事情、成为自己想成为的人，就不要因为遭到了否定而放下手中的书，试着去循着作者提出的关键词寻找答案。总之，就是要先从这本登山手册中收集有关富士宫路线的信息。

此时，你大脑中的关键词由"吉田路线"升级为"富士宫路线"了。

下面，让我们把话题转回前面提到的市场营销的例子吧。

你的目标是提高公司产品的销量，为此打算学习市场营销，但作者却说"在考虑市场营销之前，首先要思考商品本身的属性"。毕竟这本书的书名是《怎样才能畅销》，因此，书里应该写了让商品畅销的方法。也就是说，你和作者的最终目标是一致的。因此，你应该继续读下去。

此时，你设定的关键词由"市场营销"升级为"商品属性"。

你可以抱着一种"那你就来说服我相信你的观点吧"的想法来阅读——虽然这样的想法也稍显失礼，但姑且先将头脑中的关键词由"市场营销"升级为"商品属性"，看看作者会给出什么样的替代方案吧。

这样一来，你就会学习到如下观点。

　　·如果商品属性本身缺乏吸引力，一切都无从谈起。

　　·没有吸引力的商品，任凭怎么宣传都不可能畅销。

　　·无论如何投放电视广告，消费者也不会购买他们本就不打算买的东西。

　　·重中之重在于，让商品本身充满吸引力。

　　·必须使商品具有充满吸引力的属性。

这样的解释非常简单易懂，而且符合逻辑。

这个道理放在本书中也是合适的。为了让尽可能多的读者读到这本书，出版方会在报纸上登出许多则广告，在书店里将其摆放在醒目的位置，但若是书的内容本身不够有趣，无论如何也无法畅销。就像有些艺人明明受到经纪公司力捧却很难长红一样，没有过硬的内容的书，只靠出版社的力量是很难使其长久成为畅销书的。

在读《怎样才能畅销》这本书之前，你认为提高产品销量的途径就是学习市场营销，但读完之后，你认为打磨产品的属性才是重中之重。

虽然设定的关键词遭到了作者的否定，但毕竟你和作者的最终目标是一致的。因此，要坚持读完作者的观点。结果，你迄今为止的固有思维出现了颠覆性的革新，面对这一前所未闻的新观点，大脑为之一振。这也是阅读的一个重要方面：能够让人豁然开朗、醍醐灌顶。

情况二： 设定好的关键词根本没出现

有时，在设定好关键词并开始阅读后，关键词根本没出现，或者从中间开始就不再出现。

市面上确实有一部分书的书名与内容不一致，或者与书名有关的内容只出现了一章，甚至只出现了几页。

这就好比在第一章举出的《村上座谈会》的例子中，村上春树在座谈会进行到一半时离席。那么，在后半本书中自然不会再出现"春树"这一关键词，"村上粉"们恐怕也会对此心有怨言，慨叹自己在选书时对书名和宣传语没有抵抗力。

不过，平时在使用Google搜索信息时，若没有出现自己想要的搜索结果，你一定会立马更换关键词并重新进行搜索，而不是抱怨Google净显示一些没用的信息，对吧？不论是使用网络平台还是阅读书籍，通过文字媒体采集信息的方法都是相通的。当书中没有出现自己想要的关键词时，也要随机应变，及时更换关键词。

在这里，我向大家介绍一个我在阅读中更换关键词的真实事例。

大家知道珍妮弗·L.斯科特的《跟巴黎名媛学到的事》这本书吗？这本书的日文版曾一度十分畅销，封面的色调是蒂芙尼蓝。

我在刚看到这个书名时，还以为它是一本关于整理或断舍离方面的书。作家林真理子[①]曾将自家衣橱中堆成小山的衣服称为"喜马拉雅山"，而我当时在家里堆积的衣服也堪比高尾山[②]。

虽然平时衣橱的门都关着，看不到里面的"高尾山"，但对于这个似乎只为遮蔽"高尾山"而存在的衣橱，我心里一直有点儿膈应。正巧这时，我看到了

———————————

① 日本小说家，善于书写婚恋题材，被称为"女版渡边淳一"。

② 观光胜地，位于日本东京近郊，海拔599米。

《跟巴黎名媛学到的事》这本书，加上它是在十月上市，正逢换季，我就怀着消灭"高尾山"的愿望买下了这本书。日本气候四季分明，不太可能只靠十件衣服过日子[①]，但我依然希望能够从这本书中获得一些启发。

我在开始阅读前设定的关键词是"衣柜""减少衣服""断舍离"……

然而，开始阅读后我才发现，这本书并不是介绍如何整理衣橱的书，而是作者作为美国人前往法国留学的生活体验记录，以法国人充满品位的生活方式为主题，介绍了饮食、室内装饰、运动、妆容等，其中只有一部分内容是关于服饰的。

作者在法国的寄宿家庭中只有一个很小的衣橱，里面只挂着十个衣架。书中详细介绍了挂在衣橱里的十件衣服，我读得津津有味。只是，我想知道的是减少衣服数量的具体方法，这本书却让我扑了个空。

那么，我该怎么办呢？

---

① 该书的日文版书名译为《法国人只备十件衣服》。

先换个话题，我的兴趣爱好是跑马拉松（也许你会觉得我在本书中已经举过太多次马拉松的例子了），目前为止跑完了21次全马，最好成绩是3小时41分。我曾参加过檀香山马拉松、黄金海岸马拉松等海外的马拉松大赛，还打算参加欧洲的大赛，比如柏林马拉松、伦敦马拉松或者巴黎马拉松。

有朝一日，我一定要跑一次巴黎马拉松。当那一天来临时，我打算买一本《走遍全球》，学习法国人的文化和礼仪，了解法国人的生活方式。而此时，正好有一本写有这些内容的书——《跟巴黎名媛学到的事》摆在我的面前。

我心想："现在就开始学习不也很好吗？"

于是，在阅读这本书的过程中，我决定更换关键词，将其改为"法国文化""法国礼仪""法国人的生活方式"。

我原本觉得书中除了服饰以外的内容都索然无味，但在我更换关键词后，这些内容一下子就焕发出了光彩，主动跃入我的眼中，想想真是不可思议。

书中提到"法国人不会边走边吃"（我心想：我

也要避免这样），"在法国，同一件衣服一周穿两三次是很正常的"（我心想：那我只需要带最少的衣服过去）等。在这番阅读中，我因提前为将来的巴黎马拉松大赛做了准备而心满意足。

在大脑中储备多个潜在的关键词

例如，公司午休时间，你去常去的那家饭店吃午餐，却看到店门上贴着一张纸，写着"今天临时关店"。事出突然，你一时半会儿不知道该怎么办，但如果你知道附近还有其他饭店，就能很快地改变用餐计划。如果第二家饭店的饭菜也很可口，你在用餐后会作此感想："虽然和原本计划的不一样，不过这家店的食物也很好吃。"

这与我在读完《跟巴黎名媛学到的事》后的心情是一样的。虽然没能去到最想去的店，没能获得最想知道的信息，但只要能灵活运用大脑中储备的其他想去的店、其他想知道的信息，就算结果和当初计划的不太一样，也能心满意足。

大脑中储备的其他想知道的信息，可以看作是潜在的关键词。所谓潜在，即无法从外部看到，而是隐藏在内部。对我而言，巴黎马拉松大赛正是如此，虽然我内心并非刻意地想知道有关巴黎马拉松的信息，平时也没有搜集这方面信息的意识，但心中确实有想要参加巴黎马拉松大赛的愿望。

潜在的关键词，就是那些如果有时间的话会去仔细查询的信息，是重要但不紧急的事，是任务清单中的一项可以以后再做的事。

明明是你很看重的事项，却因为并不紧急而推迟执行，避免与这类信息正面交手。

一个擅长阅读的人，当他意识到自己无法从这本书中得到最想要的信息时，就会唤醒那些沉睡在心底的潜在的关键词，将其与眼前正在读的书联系起来。因此，他无论阅读什么书，都能从中获得自己需要的信息。

史蒂芬·柯维博士在《高效能人士的七个习惯》一书中提到，重要但不紧急的事，才是决定人生的事。

当设定好的关键词不曾出现，让你无法如愿获得想要的信息时，正是与那些重要但不紧急的事项正面交手的绝好时机。可以毫不夸张地说，一个人在阅读时能在多大程度上唤醒心中潜在的关键词，决定了他今后的人生发展。

拿打棒球来比喻，你原以为投手投来的是直线球，却发现其实是变化球，但你无论如何都想击中这颗球，最终，你打出了本垒打。邂逅一本书就是缘分，即使书中的内容与预想的有所出入，也不要立刻放下，试着在更换关键词后继续读下去。最终，你会发现其实这本书也很不错。

情况三： 阅读过程中对新的关键词萌生兴趣

2018 年 6 月 8 日，我在东京国际会议中心观赏了一场奥林匹克音乐会。听着现场的管弦乐演奏，看着当时的平昌奥运会比赛录像，听着取得奖牌的运动员的致辞，实在是一场内容丰富又充实的活动。我之所以去观赏这场音乐会，主要是为了一览短道速滑选手小平奈绪，以及高木菜那、高木美帆姐妹的风采。

因此，我在观赏音乐会前设定的关键词是"小平奈绪""高木菜那"和"高木美帆"。

在演出中，歌手森山直太朗作为嘉宾出场，演唱了一曲《正值人生》，实在是美妙无比。管弦乐队的伴奏磅礴大气，NHK 东京儿童合唱团的和声情意真挚，森山直太朗的演唱气势恢宏，这三种声音完美地交织在一起，演绎出壮美的舞台景象，让我深受震撼和感动。森山直太朗的歌声在我的脑海中萦绕，久久不曾散去。

此时，我的大脑中又增加了一个新的关键词——"森山直太朗"。

阅读时也会发生这种情况，原本是一心奔着目标关键词而去的，结果中途却添加了不曾存在于大脑任何一个角落的全新的关键词。

或许可以说，越是内容扎实、专业名词多的书，越容易出现这种情况。

设定好关键词并阅读相关书籍，或许有人会觉得这过于按部就班、趣味寥寥；或是这样只能搜集到适合当下自己的情况的关键词。会对那些与关键词并无直接关系的事物产生兴趣，这也是人之常情。

例如，应该没有读者在阅读本书前将"信息采集"设定为关键词，或者倒不如说，绝大多数读者甚至都不知道还有信息采集员这种职业。而利用第二章中介绍的"关联关键词采集工具"搜索"读书"和"ku"时，出现的提示关键词有"缓冲""空间""古典""脖子疼""痛苦""钻研"……

虽然提示关键词中不曾出现"信息采集"①，但应该有不少读者在阅读本书的过程中渐渐对这个关键词产生了浓厚的兴趣。对于那些热爱阅读的人而言，能够将兴趣作为工作，通过从早到晚阅读文章来获得报酬，这简直如梦幻般美好。可以想象，有一些读者通过阅读本书，对这种职业产生了兴趣并跃跃欲试。

此外，本书还列举了许多事例来进行论证说明。比如第四章的爬富士山、巴黎马拉松大赛、奥林匹克音乐会等，或许也有读者对这些内容产生了兴趣。

在阅读本书的过程中，你也许会添加新的关键词：信息采集、爬富士山、巴黎马拉松大赛、奥林匹克音乐会……

在大脑中不断添加新的关键词

如果有一个关键词引起了你的注意，其中一定有

---

① "信息采集"一词在日语中的第一个字读作"ku"。

缘由。它或许是你曾经密切留意过的事物，又或许是存在于你周围的事物。虽然你自己未曾察觉，但这也许正是你所追求的事物。正如史蒂夫·乔布斯所说的，这些关键词"Connect the dots"①（连接生命中的点滴），为今后的人生埋下伏笔。

正如世上有"见异思迁"和"朝三暮四"这样的词，仅在阅读一本书的短短几个小时中，我们的价值观和喜好也会逐渐发生变化。

在阅读《村上座谈会》时，即使你一开始是抱着了解村上春树的目的，也有可能渐渐地从村上龙的言谈中感受到其魅力，或是沉浸在村上昭二的机灵话语中无法自拔，抑或是认为村上佳菜子可爱有加，甚至觉得自己不太熟悉的村上悠子的观点也相当不错。在阅读的过程中，人的心态经常会发生这样的变化。既然如此，中途将关键词"村上春树"升级为你感兴趣的人物的名字，继续阅读下去即可。

能够邂逅意料之外的新关键词也是阅读的魅力之

---

① 出自史蒂芬·乔布斯在斯坦福大学毕业典礼上的演讲。

一。不要放过那些你感兴趣的关键词，要不断地为大脑增加新的关键词。

以一种一边努力寻找本就设定好的关键词，一边享受这种偶然性的心态去阅读吧。

畅销书关键词的共同特征

那些最终能够畅销的书，在宣传时都打出了与读者的预想完全不同、更加高级的关键词。

从目前为止未曾有过的想法或切入口着手采集信息，虽然一开始可能会略感别扭，但只要不断尝试下去，就能逐渐习惯这种方法。或者说，试着以这种方式去阅读，会感受到很大的乐趣。这样一来，读者的大脑思考回路会被作者改写，进入一种"大脑革命"的状态。

下面，我用一个浅显易懂的事例来进行说明。想必大家都知道近藤麻理惠所著的《怦然心动的人生整理魔法》这本书吧，该书在全球累计售出1000多万册，是一本超级畅销书。

近藤麻理惠给出的关键词是"怦然心动"。然

127

而，对于这样一本介绍整理方法的书籍，许多读者在阅读前设定的关键词如下。

　　　整理物品→衣服、文件、餐具、玩偶、
快递、书
　　　整理场所→厨房、客厅、衣橱、卧室

　　大家的脑海中浮现出分散在家中各处的物品，并且想知道收纳这些物品的方法，因此才拿起这本书。而这就是作者将"怦然心动"设定为关键词的原因所在。

　　"感受触碰物品的那一瞬间是否心动，只留下令你怦然心动的东西。"在这之前，"怦然心动"这个词一般用来形容做喜欢的事、遇见喜欢的人、品尝喜欢的美食等，而近藤麻理惠却将它用在整理物品这种既麻烦又容易引发人的负面情绪的事情上。书中介绍的方法十分新奇，整理物品不须花费一分钱，任谁都很容易就能做到，想必《怦然心动的人生整理魔法》正因此而成了畅销书的吧。

而近期出版的图书中，有一本《遗憾的进化》也很符合这一特征。一般来说，与生物有关的关键词都是"可爱""珍稀""强壮"之类的词，读者一看就明白。而"遗憾"这个词，让人一下子摸不着头脑，这也是一个崭新的切入点。

有一次，我去位于表参道的猿田彦咖啡店，店里摆放着"选书师"幅允孝挑选的1500多本书。在我的座位旁的书架上，刚好摆放着一本《遗憾的进化》。我把它从书架上取下来，试着读了几页，发现内容非常有趣！我不禁乐道："到底为什么会进化成这样呢……"不仅孩子能读得津津有味，大人也能学到很多知识。这样一来，这本书能成为畅销书也是在情理之中的事了。

还有一本名为《大便汉字习题集》的书也是如此。一般来说，看到"习题集"一词，会联想到"学科""难易度""年级"等，但万万没想到会和"大便"联系在一起。虽然用词有些粗俗，但孩子们会觉得很有趣。如果这本书的书名是《豆沙馅汉字习题集》或《鹦鹉汉字习题集》，虽然显得更高雅，但很可能不会像现在这样畅销。

这些书之所以能畅销，是因为作者和编辑采用了超出人们预想的关键词，并为许多读者所接受。读者为了弄清楚这个关键词到底指代的是什么而去阅读，这也有助于他们学习市场营销。或许推出一种名为"拿到手后会怦然心动的遗憾的大便"的商品能够畅销也说不定哦（笑）。

如何在阅读过程中修改关键词

在前面的章节中，我介绍了如果在阅读过程中未出现设定好的关键词，就采用作者推荐的关键词，联系大脑中潜在的关键词，以及增加新的让你感兴趣的关键词等应对方法。

在实际的信息采集工作中，信息采集员有时无论是在报纸上还是杂志上都找不到客户委托的关键词。比如在第二章中的安室奈美惠的引退之日与"Heru"的新品发布会的日子撞上的例子中，就完全找不到有关新产品"Heru"的任何报道。当有其他重大新闻发生时，报纸、杂志就不会刊登原本客户需要的信息，这当然无可奈何。然而，有时我们会因为关键词的要素问题而造成这种情况。

人很容易高看自己，认为自家公司要发布新产品了，媒体一定会对其进行重大报道。然而，与网络媒体不同，报纸各版面的空间有限，除非是具有高度新闻性和社会价值性的新闻，否则一般是不会被刊登的。

虽然信息采集员找不到有关客户委托的关键词的报道，但客户是不可能就此作罢的——毕竟自己已经支付了费用。此时，信息采集员会与客户进行沟通并修改关键词，这种情况也并不少见。

修改关键词的方法有两种。

第一种，修改为更加浅显易懂、更加突出其内涵的关键词。

第二种，将委托内容改为"主题调查"。主题调查的方法也能运用到阅读上，对于读书也大有裨益。

在下一章中，我将详细说明主题调查与关键词调查的区别，以及如何将其运用到阅读中去。

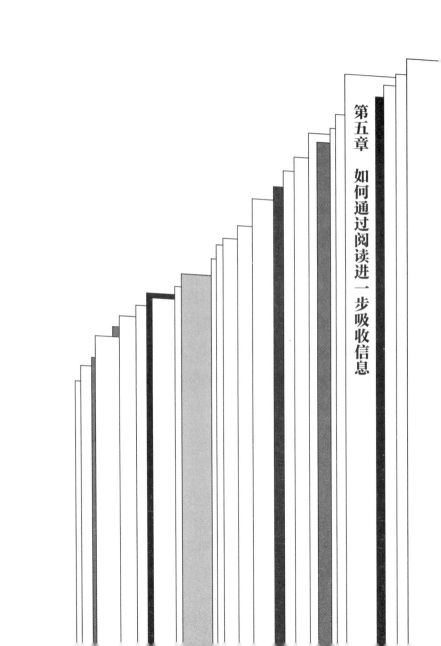

第五章　如何通过阅读进一步吸收信息

同时架起两种大脑"天线"

　　前面已多次介绍过，信息采集公司的业务是接下客户的关键词委托，通过调查这些关键词来采集客户想要的信息，这项业务就是关键词调查。实际上，公司还有一项业务——主题调查。

　　关键词调查是指通过聚焦于某一个点来获得想要的信息，而主题调查是指调查该关键词所属的整个行业的动向，即与某事物有关的报道。

　　"有哪些选手在大型棒球比赛上的表现引人注目？""最近有哪些高人气偶像？""全国各地的吉祥物都参与了哪些活动？"对于这些调查委托，通过主题调查得到的结果指向了"大谷翔平""AKB48""熊本熊"等关键词。可以说，主题调查为能引起客户兴趣的关键词之花的绽放提供了养分。

关键词调查与主题调查表

关键词调查	主题调查
大谷翔平	关于大型棒球比赛
AKB48	关于高人气偶像
熊本熊	关于吉祥物
"自我股份有限公司"	？？？

专业的信息采集员在阅读报纸和杂志时，会同时进行关键词调查和主题调查两项任务，我们在阅读书籍时也一样可以做到这一点。

请挑战一下同时在大脑中设定好包含想要的信息的关键词，以及关乎今后成长的主题，然后进行阅读。

将关键词与主题这两架"天线"无限地向四周延伸，就能从小小的一册书中获得非常多的信息。即使没能找到设定好的关键词，也能靠找到设定好的主题扳回一局，在读完整本书后能获得一定程度的满足感。也许刚开始时会觉得这样做很困难，但请一定要坚持下去。

下面，我将介绍五个可在读书时调查的主题，如果你能收集到符合这些主题的语句，那么你将不断得到成长。

主题一： 初次了解到的知识

专业的信息采集员会通过阅读报纸和杂志来寻找客户想要的报道，而由谁来阅读哪份报纸或杂志，则是由上司来决定的。

虽然多少会考虑个人的家庭环境和兴趣爱好，比如由养育有小孩的员工来阅读母婴杂志，由爱好马拉松的员工来阅读跑步杂志等，但有时也会被分配到一些自己完全不感兴趣的领域的杂志。

比如，对于我来说，电车不过是通勤的交通工具，可我却被安排阅读面向铁道爱好者的杂志，而我私下是绝不会看这类杂志的。

但这毕竟是工作，我只得硬着头皮读下去。可读着读着，竟收获了许多新知识，包括新建成的铁路的消息、普通线路的情况、全国高人气的"痛电车"的消息等，这也很令我开心。

读书的乐趣就在于能打开新世界的大门。在相应领域的专家著作中，记述着许许多多我们不曾知道的东西。

因此，留意那些讲述你不知道的知识的语句——这是阅读时最首要的主题。下面举出四个例子。

1."与洗衣液相比，洗衣粉的清洁力更强。"(《洗衣王子教你在家轻松洗衣》，中村祐一著）

2."在露天温泉旁经常能看到'小心地滑'的标语，但要我说，那只能说明清洁工作没做到位。"(《疗愈人心的温泉旅馆》，松田忠德著）

3."美容院在一个月里顾客最多的日子，是月末发工资之后。"(《东西越少工作起来才越舒适》，土桥正著）

4."（相扑力士里）能拿到工资的，一般

来说只有幕内①和十两的力士，幕下及其以下级别的相扑力士是没有工资的。"（《蛋糕店每天有一半蛋糕都卖剩下，为什么还能盈利》，柴山政行著）

说来惭愧，在读这几本书之前，我一直使用清洁力较低的洗衣液来洗衣服；看到"小心地滑"的标语，还觉得温泉旅馆能特意提醒客人，让人感到非常亲切温馨；至于美容院里顾客最多的日子，以及相扑力士的工资问题，我根本未曾深入思考过。

通过阅读学到新知识，人会变得更加自信。正所谓"知识就是力量"，世上有很多知识能让我们在知晓后从中获得守护自己的力量。想要充满智慧地生活，就要看到事物内在的一面。

话说回来，请注意这四本书的书名。

---

① 日本相扑力士按运动成绩从高到低的顺序分为十个等级：横纲、大关、关胁、小结、前头、十两、幕下、三段、序二段、序之口，前五个合称为"幕内"。按照日本相扑协会的规定，最后四个级别的不算正式的力士，而是"力士养成员"，因此是没有工资的。

1.《洗衣王子教你在家轻松洗衣》→洗涤剂

2.《疗愈人心的温泉旅馆》→露天温泉

从有关"洗衣王子"的书中能学习到有关洗涤剂的知识，从有关温泉旅馆的书中能学到有关露天温泉的知识，这些都还在意料之内，但第三、第四这两个例子又如何呢？

3.《东西越少工作起来才越舒适》→美容院

4.《蛋糕店每天有一半蛋糕都卖剩下，为什么还能盈利》→相扑

从关于"东西少"，或者说关于极简主义的书中了解到美容院里顾客最多的日子是哪天，从有关蛋糕店的书中了解到相扑力士的工资，这些应该是做梦也想不到的吧。

能从书中收获意想不到的知识，让人醍醐灌顶，

这就是读书的魅力之一。书名和最终获得的知识之间的反差越大，就越让人觉得自己获得了意外的收获，简直赚到了。而你现在也体会到了这样的醍醐灌顶之感吧？毕竟，谁能想到自己能从关于阅读的书中学到有关洗涤剂、露天温泉、美容院和相扑的知识呢？

即使谈论的话题不属于自己的专业领域，也能举出相应的事例并给出数据，这表明作者相当博学，虽然是某领域的专家，但绝非除此之外就一窍不通。如果发现这样的作者，我一定会想要读一读他的其他作品，并把他列入我的阅读白名单中（后面会介绍阅读的黑名单）。

虽然今天比昨天多活了一天，但我们对于自己有多大成长并没有什么实际感受。如果发现了一句能描述自己新获得的知识的话语，那么这句话语就能证明自己实现了成长，做到了更上一层楼。此外，也不要忽视第一次见到的俗语、谚语、成语，一点点吸收新知识吧。

主题二： 能马上模仿的作者的行为

关
键
词
阅
读
术

➡

142

前面我已多次提到，我们之所以要阅读经管类的书籍，是为了通过学习书中的知识改善自己的不足，弥补自己的缺陷。因此，读完一本书后，要使自己从A状态变成B状态，必须要改变至少一项自己的做事方法。光说或光想是不行的，必须要付诸行动。

因此，在阅读经管类的图书时，需要留意行为层面，而不是精神层面的语句。话虽如此，作者与我们的社会地位、收入水平、生活方式等都有所不同，不可能模仿其所有行为。

例如，作者写道："我很讨厌坐挤满人的电车，所以每天都打车上下班。""我乘坐新干线一直是一等座。""我乘坐飞机一定要坐头等舱。"看到这样的语句，我心里只会想："这也只有你才做得到吧。"要是可以，我当然也想这样，但至少现在我做不到。但也正是因为想改变这种灰暗的现实，改变低配的人生，我才拼命读书、汲取知识。

如果只是因为自己和作者的生活天差地别就早早地放下了这本书，那就太可惜了！有个词叫"求同存异"，即使书中的内容与你的实际生活千差万别，但只要仔细品读，总能发现一些当下的自己能做出的改变，以及值得自己吸收借鉴的地方。在阅读中保持灵敏度，将学到的东西付诸实践吧。

例如，堀江贵文①在《多动力》一书中介绍了这样的行为模式：把计算经费、交通费的工作交给他人；在重要的会议上玩手机……然而，现实情况是，这样的行为放在我现在的职场环境中是不可能的，我找不到能替我计算经费的人，在会议中玩手机极有可能会惹上司发火。堀江贵文之所以能这么做还不会遭人厌弃，是因为他并非普通人。

但除此以外，堀江贵文还写道："树立一种不接

————————

① 日本新兴的IT高科技公司——Livedoor公司的创始人。

电话的人设。""一天至少睡六个小时。"这些又如何呢？在工作中不接不紧急、不重要的电话，晚上早睡，这些你也能做到的吧？

"树立不加班的人设""树立不参加聚餐的人设""树立不迎合他人的人设"等，"树立……的人设"是经管类图书中经常提到的说法。

说点儿题外话，演员小泉今日子在十几岁时工作就已十分繁忙，她为了避免因有人向自己打招呼而不得不耗费精力寒暄，在后台休息时以及坐车时都在看书；还有于2013年去世的歌手藤圭子（歌手宇多田光的母亲），在事业鼎盛时期，为了保护嗓子，她几乎不与人交谈。（出自《小泉今日子书评集》，小泉今日子著；《一颗流星》，泽木耕太郎著）

或许，小泉今日子并不是一个爱读书的人，藤圭子也并非沉默寡言的人，但小泉今日子因工作太疲惫而不想被人搭话，藤圭子为了把发声的余裕留给唱歌，有意树立了这样的形象。

而堀江贵文为了不被他人占据自己的时间，将自己"不接电话的人设"贯彻到底。为了保护自我而树立某种人设，让人很想将这一自我防卫的方法应用到人生的各种局面中去。

言归正传，原日本微软公司董事长成毛真在他的《成毛真的接待教科书》中，介绍了野村证券的创始人有一座占地面积高达7000坪①的别墅，还介绍了在京都祇园有一家茶室只接待熟客。即使了解到门槛如此之高的场所，对于我们这样的普通读者的接待工作而言也毫无裨益。

但仔细读来，书中还记述着诸如"Denny's②家的牛排非常好吃""可以邀请朋友去吃Denny's的牛排午餐"之类的话。Denny's这家店的饭菜又便宜又好吃，价格也非常亲民，是普通人完全能负担得起的消费水平。我在读了这本书后，立马就去品尝了Denny's家的"搭配了很多蔬菜的羊羔排"，确实非常美味。

就像这样，从书中寻找符合自身情况的语句，将其融入你的生活之中吧。

---

① 约合23平方千米。

② 在日本非常普及的一家西式快餐连锁店。

值得模仿的行为需具备的条件

下面，我再介绍一个能立刻模仿作者的行为模式的例子——在《两位日本读书狂人教你最强读书术》一书中，作者介绍了自己的行为模式：每天读十一份报纸；每天保证四小时进行知识输入。

然而，这些做法的难度实在太大，一般人根本没有那么多金钱和时间，很难模仿。但我们可以从每天减少一小时使用网络的时间开始，这种程度是可以做到的吧，毕竟只需要在接下来的一个小时里关掉电脑和手机就行了。

值得模仿的作者的行为模式需要满足这三个条件：能立刻进行，能靠自己的努力实现，不需要花钱。不论是多么琐碎或简单的行为都无妨，只要满足这三个条件，就试着去模仿、去付诸实践吧。

为了让各位读者更好地理解这三个条件，下面我将介绍我从书中看到的五个句子。

1."查到换乘路线后，将其截屏保存。"

（《时短术》，日本生产性改善会议著）

2．"用手机记录下自己想到的事情。"
（《整理的艺术：创意是整理出来的》，原尻
淳一著）

3．"安排日程要先从安排休息开始。"
（《不留一滴汗，夺下第一名："龙樱"①流商
务突破课》，三田纪房著）

4．"为突然空出的时间做准备，随身携
带书籍。"（《时间管理成功术：脑科专家教
你善用时间62招》，米山公启著）

5．"与上司去唱卡拉OK时，只唱怀旧
金曲。"（《公司圣经》，日诘慎一郎著）

也许你会觉得每句话看起来都平平无奇，但如果
你没有将这些平平无奇的事付诸实践，就容易导致各
种失败：坐车时不记得接下来该如何换乘而慌慌张

---

① 三田纪房曾创作漫画《龙樱》，详细介绍了各种考试与学习的
技巧。

张；好不容易想到的点子却被忘到脑后；日程被工作填得满满当当；与人约好碰面，对方迟到，自己等得百无聊赖；在卡拉OK唱了上司没听过的新歌而导致冷场等。

想要彻底改变自我，就要一直坚持这些看似微小的行动。从书中找出包含这三个条件的语句并将其付诸实际行动，如此不断重复并坚持下去，你最终会实现成长。

读到不适合自己的书时的应对策略

如果没能从书中找到可以模仿的事例，可能有两种原因。

原因一，现在的你还不适合读这本书。能否模仿书中的事例，取决于你的立场和当下的状况。也许几年之后再来读这本书，你就能从中得到一些收获了。

原因二，也许书里根本就没写关于你能够模仿的行为的语句，而并非是你看漏了。

经管类的图书中也有很多从头到尾都在谈论精神论调或处事心态，而并不落实到行动上的书。这类书虽然读起来很有趣，但却不足以借此实现自我改变和提升。

一旦遇到这样的书，我就会把这个作者列入我的黑名单（不会去读其作品的作者名单）中。前面说到了白名单，这里的黑名单就与其正好相反。当这位作者出了新书时，无论书名多么有趣、多么吸引人，我也绝对不会马上去买的。即使想买，也要先在书店里仔细读一读内容再做决定。

在Amazon网站上，有顾客生气地写下这样的评论："这个作者每次写的东西都很肤浅！"但这位顾客也不该老是栽到同一个作者手上。为了避免浪费时间和金钱，要好好吸取失败的教训，切不可再错第二次。

在写读书笔记时，往往会侧重书的内容本身，但今后有必要花力气制作一份关于作者的黑名单。正如史蒂夫·乔布斯所说："决定不做什么跟决定做什么同样重要。"①

　　光阴有限，我们不可能读完世界上所有的书。因此，为了多读好书，以及为了避免读到坏书，要从平时开始一点点地整理出有关作者的白名单和黑名单。

---

　　① 出自《史蒂夫·乔布斯传》。

主题三： 能提供观点支撑的素材

经管类的书籍会有许多如何提高商务工作能力的内容，或许其中也有很多行为方式与思考方式值得你所在的公司借鉴和学习。如果你是一家公司的董事长，你当然可以自上而下地传达指令，否则就需要说服周围的管理层来接受你的观点。

此时，一定要好好利用作者的知名度，最理想的状态是选择那些即使是平时不看书的人也有可能知道的名家。

毕竟是要利用这些作者的名声来为自己在会议上提出的方案助力，因此最好选择那些在商业上有所成就的人。在日本人中，如稻盛和夫（日本"经营之圣"，京瓷创始人）、大前研一（"日本战略之父"，管理学家、经济评论家）、孙正义（软银集团创始人）、堀江贵文（Livedoor创始人）、三木谷浩史（乐天创始人）以及藤田晋（CyberAgent创始人）等；在外国人中，如比尔·盖茨（Microsoft创始人）、史蒂夫·乔布斯（Apple创始人）、马克·扎克伯格（Facebook创始人）以及杰夫·贝佐斯（Amazon创始人）等。

借用那些大名鼎鼎的人的名号，为自己的观点提供助力和支撑吧。毕竟他们取得了辉煌的商业成就，备受全世界的景仰，说出的话有极大的分量。

前面在介绍关于作者的黑名单的部分中，我写道："正如史蒂夫·乔布斯所说：'决定不做什么跟决定做什么同样重要。'"读到这句话时，你是否对此打从心底里认同，认为"决定不做什么"确实十分重要？

这句话出自乔布斯唯一授权的官方传记《史蒂夫·乔布斯传》（沃尔特·艾萨克森著）。如果我把这句话写成"如我的发小史蒂夫所说"，恐怕只会遭到读者的不屑和质疑；但只要写成"如Apple公司的创始人史蒂夫·乔布斯所说"，我的观点就会具有很强的说服力。(《史蒂夫·乔布斯传》共560页，虽然书很厚，但你读完就能明白乔布斯的为人和思想。)

假如你在一家员工离职率很高、经常发布招聘信息的公司工作，总是需要花费大量时间面试求职者、培训新人，对此感到十分厌烦，但你不能直接跟领导说"不重视员工的公司没有前途"，毕竟这可能会引起领导的反感。在这种情况下，你可以借用CyberAgent公司的社长藤田晋的观点——"比起把经费花在经常录用新员工上，不如花在让在岗员工能够长期做下去的事情上，这样更能节省经费，也更有效果"(《创业者》，藤田晋著)——一针见血地指出来。你只需要说"这是有名的藤田晋的观点"即可，关键在于只进行信息传达，而不是老老实实地将自己的想法和盘托出，这种方式有点类似于在社交平台上对赞同的观点进行转发。

在公司这种组织形态中，即使是同一句话，被不同的人说出口，周围人的反应也不尽相同。上司不会听自己反感的下属的意见，但如果是换作自己认可的下属说出同样的话，则很容易就能听进去。世上经常会发生这样看似没道理的事。

最理想的状态当然是自己说出的话能让人信服，但遗憾的是，很多人目前并不能达到这种程度。如果你有好的点子，并且认为它能为公司带来效益，最好利用名家名言来支撑自己的观点。不要为自己缺乏影响力而感到悲观沮丧，而是要向那些影响力巨大的人身上去借力。辛辛苦苦读了书，就是要将书中的内容充分地运用出来。

虽然常有人揶揄说，名人著作要么自卖自夸，要么所言荒谬、目空一切，但若要为自己的观点添加权威话语作支撑，名人著作是最合适不过的了，尽可以放心阅读和使用。

主题四：实用的讲话措辞

　　虽然本书是一本方法类的工具书，但想必本书的读者中有一部分也会阅读小说。阅读小说时当然无须抱着寻找关键词的心态去读，但可以一边寻找符合主题的语句一边读。我比较推荐两种在阅读小说时寻找的主题：绝佳的比喻修辞和令听者愉悦的说辞。

　　在平时漫不经心的聊天中，如果有人很擅长用打比方的方式来解释事情，我们会觉得他很聪明；如果有人讲话很机敏，我们会觉得他很讨喜。不管是谁都会想成为这样的人吧。

　　小说中有着许多让人眼前一亮的比喻和说辞，敏锐地发现并吸收它们，提高"自我股份有限公司"的"股价"吧！

　　第一，绝佳的比喻修辞。

"每当发生这样的问题，就能看出上司的能力。就像只有在高难度的雪道上滑行，才能知道这个人的滑雪水平一样。"（《魔王》，伊坂幸太郎著）

"挤在狭小的房间里喋喋不休地争辩，说什么'他可是部长''我是课长''你只是科员'之类的，就像汤锅中的海带和鱼糕在争论谁更伟大一样。"（《来自神的一句话》，荻原浩著）

一般来说，只要是你读起来觉得很有道理或有趣的语句，都可以将其收集起来。包含"上司""部长"等词语的句子，只需要稍加调整便极有可能在实际职场中加以使用。这两个例子中的比喻都十分巧妙，非常具有说服力。

人们对待同一事物的态度，取决于你如何向他们表达和呈现这一事物。不过，因为很难一下子就变得舌灿莲花，所以，先从平时多收集绝佳的比喻修辞，制作"好句本"开始吧。

"有结果就一定有其原因，就像做蛋包饭一定要先打碎鸡蛋一样。""这任谁看来都是不健全的征兆，就像章鱼靠吃自己的脚维持生存一样。"（《刺杀骑士团长》，村上春树著）

书中有很多诸如此类的精准的比喻，平时多多竖起大脑"天线"，不断练习如何发现这些句子吧。

第二，令听者愉悦的说辞。

打开Facebook，经常会弹出"今天是××的生日，为他（她）送上祝福吧！"的系统消息。你每次都是怎么处理的呢？这当然也取决于你跟过生日的人之间的关系，但想必有很多人会发送"生日快乐！祝你开心度过新的一岁！"这样不痛不痒的消息吧。

能在对方生日当天道一声祝福，这本身便很让人感激，但作为过生日的人而言，收到的祝福如果只是模板化的说辞，其实并不会感到太高兴。毕竟，这样的说辞让人感觉不到祝福者的真情实感，只会让人觉得其不过是想轻松了事。反正都是要发送祝福语，倒不如发送一些能彰显自己的个性、给对方留下深刻印象的祝福语。话虽如此，但要仔细考虑究竟什么样的祝福语才适合对方却很麻烦。当我为此烦恼时，在正在阅读的小说里，有这样一段话跃入我的眼中：

> "所谓生日，就是为庆祝你出生在这个世界，并且现在依然健康地活着的纪念日。千万不要觉得自己已经到了不值得庆贺的岁数了，也千万不要厌恶过生日。实际上，正好相反，越是年岁渐长，就越值得庆贺。毕竟过生日是一件美妙的事，而46岁生日比起23岁生日的美妙程度更是翻倍，对吧？挺起胸膛庆贺生日吧！"（《倒数第二次恋爱》，冈田惠和著）

这本书是由富士电视台播出的电视剧《倒数第二次恋爱》的剧本改编而成的小说。剧中，在小泉今日子迎来46岁生日时，中景贵一对她说了这一番话。这段台词很棒吧？如果有人能对你这么说，你一定会感到很开心吧？同样地，如果过生日的朋友收到这样的祝福，想必也会非常开心。

于是，我借用中景贵一的这段台词给重要的朋友发送了生日祝福，只把年龄部分做了调整。收到祝福的朋友深为感动，回复我说："你说得实在太好了！""我一直在回味这段话。"朋友回复给我的消息，也并没有套用模板，而是用自己的话组织的语言。这也正说明我的祝福说到了朋友的心坎里。

小说中会出现各种各样的场景，但这些场景绝不是只在小说中才会出现，我们在日常生活中也会遇到——朋友会过生日，我们会与他人发生争执、出席他人的婚礼或葬礼。

我们与他人的日常交流都是以对话形式进行的，因此，那些你从书中读到的认为一定会让听者感到愉悦的说辞，都可以应用到实际生活中。

"在漫长的人生中不会一直是艳阳高照的白昼，也会有狂风大作的黑夜。当然，也不会有永不止息的雨，天空终会重现晴朗。"

（《家日和》，奥田英朗著）

"像你这样的女孩子，今后一定会吃亏的。不过，也一定会有人关注这样的你，会有许多人觉得你是那么的率直洒脱。"（《阪急电车》，有川浩著）

如果能用这样温柔的话语抚慰那些因人生不顺而消沉颓靡的人，以及深陷孤独之中的人，该是一件多么美妙的事！只要借用作家们的智慧，按实际情况稍做调整，在适当的时机对重要的朋友说出来，便能给他们带来鼓舞，使他们重振精神，感到开心快乐。

阅读小说，归根究底是一种娱乐方式。即使不考虑采集信息，只是单纯地将其作为一种读物去阅读，或是沉浸在作品独特的世界观里，又或是集中注意力在推理上等，都无妨。

只是，如果一边有意识地寻找"绝佳的比喻修辞"和"令听者愉悦的说辞"这两个主题，一边阅读，阅读小说就不再只是单纯的消费行为，而在一定程度上变成一种投资行为了。了解这一思维方式，一定不会让你吃亏的。

主题五：能表达心声的语句

前面介绍了四种主题，其目的都在于通过读书实现自我成长。我们阅读经管类的图书是为了让自己产生某种变化，因此，竖起大脑"天线"，寻找那些与自身成长变化有关的语句，是非常有意义的。

生而为人，追求更高的目标当然值得赞赏，但即使是正处于变化过程中的自己，也同样值得肯定。努力本身很重要，但给予自己内心同等程度的关怀也同样重要。

下面，我将介绍第五个也是最后一个主题，它与前四个主题稍有不同。

在位于池袋的东急手创馆①的八楼，有一家"池

———————————

① 日本一家专门售卖居家用品与DIY用品的连锁居家生活百货公司。

袋猫咪馆"，顾客可以在店里和猫一起玩耍。这家店并非猫咪咖啡馆，店内禁止喂食，顾客只能单纯地看和抚摸猫，只要支付700日元就能进店。因为我平时工作时，目之所及之处都是文字，因此偶尔想要看看猫，治愈一下自己的内心。

然而，虽然这里有多达20只猫，却没有一只猫有想治愈顾客的意思，对谁都是一副爱答不理的样子，时而跳上猫爬架玩耍，时而走着优雅的猫步，十分随心所欲。看到这一幕，我暗自心想："猫咪能自由自在地生活，真好啊！""当人太累了！""不想考虑工作的事了！""下辈子我想当只猫！""好想蜷成一团睡一整天！"……虽然这些话并未说出口，但我心中确实有过这样的念头。

就在这天晚上，当我读着佐藤多佳子的小说《在明亮的夜晚出门》时，有这样一段话跃入我的眼中。

"我不想当人了，想当一只猫，在冰冷的瓷砖地板上蜷成一团打盹儿。不想再为别人的事烦恼，不想再考虑那些乱七八糟的事，我太累了。"

读到这段话时，我大吃一惊。这不就是我的心声吗！？为什么作者会这么了解我的感受呢？就像足球运动员本田圭佑选手当初决定加入AC米兰足球俱乐部时，面对媒体的提问，他回答道："我是听从了内心的'小本田'的愿望。"而"小村上"的声音——我内心的声音——就像被语音输入了一般，化作书中角色的台词。

正所谓童言无忌，小孩子能毫无顾忌地问运动员"你有男朋友吗""你有女朋友吗"，若换作媒体记者，这些问题是断然不敢轻易问出口的。

然而，即使是这样的小孩子，随着逐渐长大成人，为了得到周围人的认可，为了能被他人接纳，渐渐地习惯于深藏心声。例如在社团活动中，即使自己对某个部员心存芥蒂，希望他在比赛中败北，但表面上也会为其大声加油鼓劲；在公司里，新员工即使想按时下班，也很难把这话说出来。

正因为如此，若在看书时发现了能表达自己心声的话语，一定会感到喜出望外吧。

那些心中朦朦胧胧的情愫，那些无法用言语诉说却又真实存在的情感，会在书中化为清晰明朗的文字。只要你能一点点地收集这些文字，你的内心就会变得充盈和满足。

那天，我走出池袋猫咪馆，有些闷闷不乐。毕竟，自己都这个岁数了，竟然还想变成猫，实在太不像话了，估计也只有我会有这种念头吧……但随后，我在《在明亮的夜晚出门》一书中邂逅了那段话，原来除我以外也有人有着同样的想法！原来我冒出的这个念头并不奇怪！不知不觉中，我安下心来，不，应该说我觉得自己像是被拯救了一般。

让作者为你的心声点赞

书中沉睡着无数温暖又温柔的文字，陪伴着无法言说心声的你。

·我认为自己并不认真。

· 我认为这样不行。

· 无法做好这件事，我很难受。

· 我这样有些奇怪吧。

· 太丢脸了，我绝对不会告诉其他人。

当看到这样的心绪变成书中的文字，你会觉得受到了鼓舞——原来不只自己会这样想，原来有这样的想法也并不奇怪。那些自己心中暗藏的想法一旦得到肯定，自己将会多么开心和释然啊！

也就是说，每当从书中发现一句能表达自己心声的话语，就相当于自己的心声得到了一次来自作者的"点赞"。

"我不擅长与人交往啊，相比之下，自己一个人待着更轻松。而且我也不喜欢出门，又累又花钱。"（《了不起的日本人》，东野圭吾著）

"旅行太折腾人了，我不擅长应付与平时不同的生活。"（《红色长靴》，江国香织著）

我很享受独处的时光，也很喜欢待在家里，因此，当我读到上面那两段话时，就像得到了东野圭吾和江国香织的肯定，感到喜出望外。很多人喜欢与好友三五成群，或进行赏花野餐，或在聚会上开心地闹腾，而我却又内向又不喜欢出门。最能让我松一口气的时刻，就是拿出钥匙打开家门的那一刻。然而，我的这一心声得到了两位直木奖获奖作家的肯定，他们仿佛在对我说："我明白你的心情。""你就保持这样就很好。"

如今，网络社交软件日渐发达，人们为了得到他人的点赞，做出一副生活充实的样子，拼命地拍出好看的照片并上传至社交平台。其实，没必要这样勉强自己，只要提升大脑"天线"的灵敏度，从他人写的文章中找到能表达自己心声的话语，便能满足想要获得他人认可的愿望。这完全取决于自己的行动，因此想要多少"点赞"都能获得。

不会因他人的反应而时喜时忧（毕竟你无法控制他人的反应），也不会给他人造成精神负担，一切都由自己来完成。可以说，这是满足被认可的需求的最好的方法了。

摘抄：绝佳的人生伙伴

迄今为止我已经读过4000本书，摘抄了3万多条符合我的关键词或主题的语句。在决定出版本书之前，我把这3万多条语句全部重新读了一遍。

例如，一个时尚爱好者前去购物，在服装店大肆购买了一番自己喜欢的衣服。多次购物之后，某一天打开自己的衣橱一看，里面全是黑白配色的衣服，这才猛然意识到，原来自己喜欢的是同一配色的衣服啊。

而摘抄书中的语句也是如此，当我仔细浏览那3万多条语句时，意识到自己摘抄的倾向——有一多半都是能表达自我心声的话语。

我一直很想被认可，却很难得到他人的认可。我读过很多书，因此，周围人都认为我是个自我意识很强的人，对我十分轻蔑，冷眼相看，而我自身又并不具备足以让他们尊重我的压倒性的实力。我具备的只有在工作中培养起来的高度灵敏的大脑"天线"。

所以我才通过读书收集了许多能够从中获得被认可感的文章，以此来实现自我内心的满足。或许可以说，正是因为我有这样灵敏的大脑"天线"，我才能活到现在。

曾经，在东京电视台的节目《我可以去你家吗？》中，有一位非常喜欢迪士尼乐园的受访者，她说过这样一番话："人会中伤他人，会打破约定，总之在人类社会中生存很难。但米老鼠却从来不会在背后说他人的坏话，也不会放人鸽子。迪士尼乐园给我一种能完完全全包容我的感觉，所以我非常喜欢迪士尼乐园。"

书和米老鼠一样，一直都陪在我们身边守护着我们，绝不会背叛我们，也绝不会对我们露出"獠牙"，它是我们的心灵支柱，是在我们痛苦时给予我们支持的绝佳的伙伴。"我没有朋友，所以书就是我的朋友。"虽然这么说听起来有些自虐，但真的没有比书更棒的朋友了。

· 认为他人无法理解自己的感受。

· 认为自己不被任何人需要。

· 找不到自己的容身之处。

· 无法满足他人对自己的期待。

· 没有梦想，也没有将来想做的事。

· 认为即使自己从这个世界上消失，也不会有人为此感到悲伤。

· 被排除在公司的晋升候选人之外。

· 因不服从指令而遭到欺负。

· 求职时被无数家公司拒绝。

· 在夹缝中艰难求生。

· 走路时不走道路正中央，而是走在道边的排水沟上。

· 提出新点子时会遭人耻笑。

· 一次也不曾被喜欢的人接受过。

· 参加聚餐时，不会有任何人来搭话，自己就像一个静置的物品一样。

· 自己会在朋友过生日时发送祝福信息，但自己过生日时却收不到任何人的祝福信息。

·与学校的同学以及公司的同事完全聊不来。

·认为自己在这个世上连一个伙伴也没有。

·迄今为止没有做成一件能向他人夸耀的事。

·周围人能不费吹灰之力做到的事，自己无论如何努力都做不到。

·认为自己不适合在社会上生存。

·无法很好地融入集体。

·非常不擅长过集体生活。

·最讨厌的四字词语是"公司团建"。

·一旦与人相处，自己的节奏就会被打乱，因而感到十分疲惫。

·为自己一无是处而感到深深的自卑。

·有着无法对他人言说的辛酸经历。

·有着无法痊愈的心灵创伤。

·为自己生来就拿着一手烂牌而叹息。

·曾想过结束自己的生命。

·以为有些事成为大人后就能做得到，结果一件也做不到。

·对自己总是怀有负面情绪而感到厌烦。

·没能赶上时代的浪潮。

·不管做什么总是半途而废。

·认为自己是地球上生活在最底层的人。

如果你符合上面的任何一条，那么一定要提高自己大脑"天线"的灵敏度，从书中找出那些能表达你的心声的语句。

人生中，我们可能会被那些偶然看见的一句话所拯救，在之后的生活中感到稍微轻松一些。当某句话正好触碰到内心深处时，我们很可能会热泪盈眶。因此，大量收集那些能给予你自我认可的文章，以及那些给你的想法"点赞"的语句，以此来填满自己的内心吧。

读到这里，你应该对带着关键词和主题去阅读的方式多少产生一点儿兴趣了吧。当你实际掌握了这一阅读方法之后，一定会获得在阅读中采集到大量信息的能力。然而，通常情况下，当你掌握了一项新技能后，就会面临新的课题。

在第六章，也就是最后一章中，我将详细介绍应该以何种形式保存已采集到的信息。

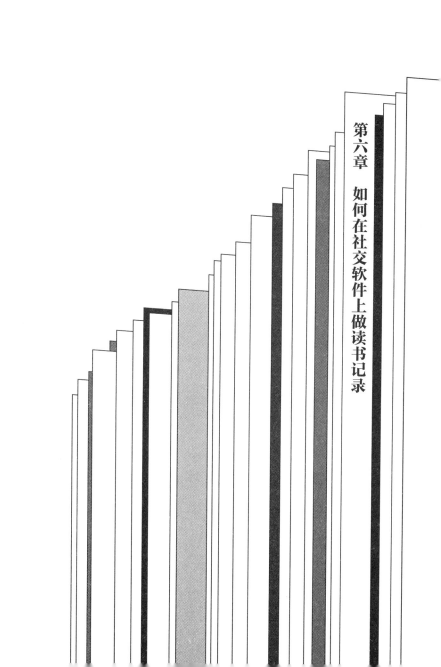

第六章　如何在社交软件上做读书记录

将阅读时采集到的信息写进备忘录

　　前面几章，我一直在向读者传达"阅读时最重要的是采集信息"这一观点，但同时，还有一件事与采集信息同样重要，那就是做读书记录，也就是将收集到的信息写进备忘录里。

　　即使一本书刚读完时还能记住内容，但一旦开始读下一本书，新信息就会覆盖掉旧信息，我们就会想不起来上一本书的内容，这是人之常情。人很难永远铭记曾经的感动和回忆，因此，如果有一个自己的数据库，即使我们忘记了曾经读过的信息，也能通过从数据库中搜索书名和内容回忆起来，这样我们就会感到心安。

　　在这里，我想向大家推荐使用社交软件来做读书记录。

社交软件上本就有"书""读书""读完""读书记录""读书本""读书笔记""读后感""喜欢读书""遇见读同一本书的人""book"（书）、"bookpic"（书籍照片）、"bookphotography"（书籍照片）、"booklover"（阅读爱好者）、"reading"（阅读）等许多与读书相关的标签，不仅在日本，世界各国都有很多人在利用社交软件做读书记录。

用社交软件做读书记录的优点

我在Instagram上开设了一个专门用来写读书记录的账号（@no_name_booklover），只上传有关我读过的书的信息。通过运营这个账号，我切身体会到，用社交软件做读书记录有三个优点。

第一，能在手机上打造"书架"。

首先，在手机上打造的这个书架与现实中的书架不同，它不占地方，并且能随身携带。当我在书店或图书馆看到一本书，疑惑自己曾经读过却又不太确定时，我便拿出手机，打开Instagram进行核查，这样就能避免买到或借到同一本书。

其次，当上传新的读书记录时，我会同时上传书的封面图片。闲暇时回顾过去的读书记录，就像在看由喜欢的书构成的拼贴画一般，我感受到的是纯粹的快乐。这就像在自己房间的墙上贴上喜欢的明星、风景、宠物等的海报，每当看到这些海报时心情就会变好一样。

近来，有很多书籍的封面色彩斑斓，目录和各章简介的版面呈正方形，这明显是出版方为了使书更适合上传到社交软件而有意为之。看来，出版方也逐渐开始重视读书与社交软件之间的互适性了。

第二，可以得到作者的直接回应。

如今是一个重视社交媒体的时代，很多作者为了了解读者对作品的评价，会主动去搜索自己和作品的名字。

我在上传读书记录时，必定会带上作者名作为标签。有很多畅销书的作者会在这些提到他们的读书记录下评论："感谢阅读我的作品。""多谢你的感想。"甚至还有外国作家用英语写下的评论："This is my book. Thank you for sharing!"（这是我写的书，感谢分享！）想必他们都是通过搜索自己的名字才发现我上传的读书记录的。

他们会很有礼貌地向我打招呼："不好意思，突然给你发信息，我是这本书的作者××。"我做梦也没想到会有作者主动跟我打招呼，但实际上这种事经常发生。

这时，我绝不会仅仅只是给他们的留言点赞，毕竟这是与作者交流的不二良机，必须最大限度地好好利用！我会回复"您的作品我迄今为止已经读过×本了""我一直在心中回味书中的×××这一表达""今后请继续为这个世界写出更多美好的作品"，作者们看到这样的回复也会很高兴的。

比起评论，作者们更多的是给我的投稿点赞。我记得搞笑组合"King Kong"的成员西野亮广在开展一场名为"西野亮广本人为你的Instagram投稿点赞"的活动期间，几乎每次都会给我的投稿点赞，想必这也是为他自己的著作进行营销，并扩大粉丝群吧。

就在不久以前，书籍作者还给人一种居于云端之上、遥不可及的印象。而现在，通过社交软件，人们可以与作者进行直接交流。只要交流过哪怕一次，人们与作者之间的距离感就会急剧缩短，迸发出源源不断的读书欲，迫不及待地想要读一读这位作者所有的作品，并且还想购买他今后的新作。

第三，能从与其他用户的交流中受到鼓舞。

虽然我做读书记录不是为了获得他人的夸奖，但如果有人能对我的投稿给予反馈，我当然也会很开心。

其他用户会给我的读书记录点赞，会特意写下评论，或者关注我的账号，这些都给了我很大的鼓舞。虽然我与他们在现实生活中并不相识，但我们以一本书为媒介，实现了内心的共鸣。我做的读书记录越多，其他用户给予我的反馈就越多。因此，我对读书的热情变得更加高涨。

顺便一提，关注我的用户通常都很喜欢读书。这也在情理之中，毕竟他们特意关注了我这个做读书记录的账号。在这些用户中，很多人的个人简介里都写有"书""读书""图书馆"等字眼。每当系统弹出

"××关注了你"的通知时，我都会去查看这个人的主页，看看这是个什么样的人，而从他们的主页上往往能看到很多书籍的封面图。

常言道："从书品看人品。"通过该用户以前上传的内容可以大致了解他是一个什么样的人，比如喜欢推理小说，或是憧憬极简生活。即使与他本人未曾谋面，也能大概想象出他的为人。与其说能知道他对书的喜好，不如说能了解他这个人。即使他本人未曾意识到这一点，但他所上传的读书记录，实际上都在展示着他的内心。

那些爱好读书的用户中，很多人的人生态度都十分积极向上。他们会在个人主页上写下充满热情与干劲的话语："今年的目标是读××本书。""我要增加自己的词汇量。""我要了解更多人的人生，了解更为广阔的世界。"我能切实地感受到他们身上的能量和力量。

如今，很多初高中生都有专门用来做读书记录的账号。他们在个人主页上写着"在上学、放学的电车上一直在读书""为了买书而开始打工""请给我推荐好书"，让我不禁感叹现在的年轻人越来越有读书的意识。

　　像这样，在社交网站上上传自己的读书记录，既方便，又让人开心、受鼓舞，这是在笔记本上手写读书笔记时所无法实现的，因此，请一定要试试在社交网站上做读书记录，并将其以可视化的方式呈现出来。

做读书记录时的注意事项

提炼书中的关键词，用作上传的标签

我所使用的 Instagram 是一个特别注重视觉呈现效果的社交软件，虽然也能在图片后添加文字，但如果写得太长，不仅写起来很费工夫，别人读起来也很累，若往下滑了好几下都还没有结束，很可能中途就不读了。

人们浏览社交软件上他人的文章并非出于什么特别的目的，只是为了打发闲暇时间，一览而过罢了。因此，上传的文章应以简洁易懂为佳，我比较倾向于把书中的要点提炼为关键词，用作上传的标签。

请想象一下自己正在年度日程本上做记录，因为划分给每一天的空格很有限，因此，在写日程时，只能写下诸如"与××看Mr. Children①的演唱会，东京巨蛋，18点开始"这样关于人物、事件、地点、时间等的关键信息。即使不长篇大论地写下具体发生的事与当时的感受，只要看见提示要点的关键词，事后也能回想起当天的细节来。

读书也是如此，只要将书中的关键信息作为标签上传，便足以回想起书中的具体内容。下面，我将为大家介绍非常方便好用的标签模板。

#书名#

#作者名#

#出版社名#

#作者简介#

#内容概要#（用一句话介绍这本书，可
以使用书中多次出现的关键词、自己设定的
关键词、目标读者群等）

#简短的读后感#

_____

① 一支日本的摇滚乐队。

其中，书名、作者名、出版社名这三个标签是必须带上的。

只要你在文中注明出版社，便有可能收到来自这家出版社的官方账号的点赞，甚至还能得到诸如"您把这本书介绍得非常简明易懂，我们感到很荣幸""非常感谢您这么认真地为这本书写了书评"等评论。另外，从中也能看出哪些出版社很重视在社交平台的营销，而哪些出版社不重视。

顺便一提，本书的日语原版的出版社——Forest出版社也曾给我点赞留言。看来，Forest出版社在出版本书之前就曾仔细地调查过我的情况。今后，各位读者在阅读Forest出版社的书时，请在上传的文章中加上"Forest出版"的标签吧。

添加上传的文章标签时的注意事项

说到在上传的文章中添加出版社名的标签，有一件事让我很在意：有很多人将"幻冬舍"写成了"幻冬社"。搜索标签"幻冬社"，会显示达4000多条投稿，竟然有这么多人没发觉自己写错字了，这实在是不应该。

假如你所在的公司与幻冬舍有合作，你给幻冬舍的董事长发送了一封商务邮件，邮件开头写着"尊敬的幻冬社株式会社董事长见城彻先生"，这就足以毁掉这次合作的机会。如果我是幻冬舍的董事长见城彻，是不会愿意跟这种因疏忽而犯错的人共事的。不论是在商务邮件中还是在社交平台上，写错对方的公司名称都是非常得罪人的。

一旦搞错书名、作者名、出版社名等图书的基本信息，这篇读书记录的可信度和说服力就会大为降低。如果你读了一本名为《孔子》的书，却在记录中添加了"子牛"的标签，那么写这篇读书记录就等于是白费力气。日本有很多出版社的名称很相似，比如"大和书房"与"大和出版"，以及"日本实业出版社"与"实业之日本社"等，千万不能搞错，在发布记录前一定要反复核查。

关于作者简介，可以从作者的经历中挑出比较显著的部分，如"经营战略咨询""××大学教授""瑞可利公司[①]前员工"等。通过作者简介可以大概判断作品的写作方向，读完书后也更容易回忆起书中的内容。

在写内容概要时，要用一句话描述这是一本什么样的书，比如"写给跳槽者的建议""30岁女性的生存指南"等，可以参考图书的副标题和腰封上的文字。如果你无法顺利地写出这句描述语，或许意味着你对这本书的理解还不到位。

如果写出目标读者群（年龄、性别、层次），看到这篇记录的人就会据此判断自己是否适合阅读这本书。曾经，我在一篇读书记录中写着"适合男性读者"，就有粉丝问我："作为女性读了这本书能有收获吗？"而在另一篇读书记录中，我写着"25～30岁女性必读"，则有粉丝评论道："我正好处于这个年龄段，所以就读了这本书。"要让读者选择读某本

---

① 一家日本头部综合型互联网公司。

书，关键是要让他们觉得这本书与自己有关。

此外，诸如"不是干货书""快速翻阅，每页下方的小图画可连成动画""文字是口语体"等内容风格方面的信息也都要写出来，读者如果能事先知道这些信息，在正式开始阅读时也会有相应的心理准备。

最后，在写简短的读后感时，可以适当加入一些幽默元素，展现你的性情，博读者一笑。例如，若是一本多处让你产生共鸣的书，可以写"我点头点得脑袋都要断了"；若是一本很有趣的书，可以写"千万不要在电车上读它"；若是一本感人至深的书，则可以写"我全身上下都在哭泣"等，尽情地展现自己别样的语言天赋。

如前所述，现在有很多作者会主动搜索自己的名字和作品，如果你如实写出"这本书很无聊""内容很水"，就未免有些太直接了，毕竟作者本人也可能会看到。即使是同一种观点，也会有不同的表达方式，比如"很传统的自我成长书"（意味着没有自己的创意），或者"前半部分很有趣"（意味着后半部分不吸引人），又或者"很快就读完了"（意味着整体写得不深入）等，措辞稍微含蓄一些，不要那么锋芒毕露。

有很多与读书有关的标签，如"书""读书""读完""读书记录""读书本""读书笔记""读后感""喜欢读书""遇见读同一本书的人"等，试着去找找看。在读完外国作品或其译本后，也可以在上传读书记录时添加如"book""reading"等英文标签。添加上这类标签后，即使有些读书爱好者没有关注你的账号，也能增加他们看见你的这篇读书记录的概率。

顺便一提，如果我是本书的读者，那么我在读完这本书后会添加以下标签。

#提高信息采集能力的关键词阅读术#
#村上悠子##Forest 出版##信息采集员#
#专业采集员##信息采集##不遗漏欲知信息的读书法##带着关键词阅读##No key word, no reading##学习新技能##读完#
#读书记录##喜欢读书#

像这样提炼出要点，即使经过很长时间后，只要再看到这些要点，也能大致回想起书中的内容。

如果你打算在读完本书后在社交平台上上传读书记录，请一定要按照上面的方法添加标签。当然，也可以酌情修改。

写读书记录、拍封面照片时的注意事项

除了以添加标签的形式总结书中要点外，我还会引用5 ~ 7个回味绵长的句子。由于我无法确定诸如"很有趣""庆幸自己读了这本书"等我的主观感受是否与世间众人的感受相同，因此，我只写出客观事实，也就是引用书中的原句，让粉丝自行判断是否要阅读这本书。当然，同时我也希望通过这种方式将那些我不想遗忘的语句以数据的形式保存记录下来。

有时，看到其他人写的读书记录，我会分不清哪些是引用的原文，哪些是他个人的感想，这会导致读者陷入混乱，无法很快地理解这篇读书记录。因此，在写读书记录时，引用的部分请用引号清楚注明。另

外，在引用对谈集或三人谈话集中的语句时，请一定要写清楚哪句话是谁说的。

最后，我想说说在拍摄书籍封面照片时的注意事项。若是拍摄自己购买的书或是在Kindle上进行截图，那么随意即可；但若是拍摄从图书馆借来的书，一定要遮住书上贴的"×××图书馆"的标签，否则会暴露你的居住区域。

在上下班的电车上，经常能看到有人在读从图书馆借来的书。每当瞥见书上的图书馆标签时，我就会猜测这个人会在哪一站下车，基本上都能猜对。有很多人在社交平台上毫无防备地上传能看见图书馆标签的书籍照片，这会泄露个人信息，一定要记得注意避免。

人气读书账号的共同特征

粉丝数超过1000人的人气读书账号，都有下面这样两个特征。

第一，读书记录中包含了有关书籍的信息。

例如，即使是关于同一本书的读书记录，A只写了"从现在开始读这本书"，而B不仅写了简单易懂的内容概要，还引用了书中原句，并将内容要点添加为标签。

如果只能给其中一个人点赞，我一定会毫不犹豫地选择B。因为B的读书记录中包含了图书信息，省去了我自己查找信息的工夫，给B的点赞也包含了感谢的成分。

与此相对，从A的读书记录中完全看不出他要读的究竟是一本什么样的书，也完全看不出书中的内

第六章

如何在
社交软件上
做读书
记录

191

容。这篇记录就只是个人的行为记录，如果 A 是一位名人，也许我会想知道他在读什么书，但如果是我不认识的人，我对此就会毫无兴趣，即使看见了这篇投稿，也不会特意去点赞。

如果是要挑战阅读托马斯·皮凯蒂的《21世纪资本论》这样很厚的学术类的书，或者陀思妥耶夫斯基的《卡拉马佐夫兄弟》这类很难懂的小说，在社交平台上宣布自己的阅读目标，让自己无路可退，那么只写"从现在开始读这本书"当然没问题。但是，如果每次都只写出这句话，会让人不禁怀疑这个人是否真的在读这本书，会不会只是在给自己立"爱好读书"的人设等，进行一些带有恶意的猜测。

既然已将本书读至此处，今后你对关键词和主题的感知一定会十分灵敏，成为能够从书中采集到信息的人。好不容易掌握了采集信息的能力，却不好好加以利用，在书写读书记录时还停留在单纯记录行动的程度上，这未免也太可惜了！

粉丝给我的留言中最让我感到欣慰的是"虽然我现在身在国外，很难有机会读到日本的书，但您的读书记录给了我很大的帮助，非常感谢"。即使读书记录既不有趣也不感人，但只要将图书信息简明易懂地整理出来，也能帮助到远在海外的人。

没想到我发布的读书记录能走向世界，对素未谋面的人也能产生影响。即使这份影响很小，但也足以让我情不自禁地感到喜悦。今后，你在发布读书记录时，也要把内容从A变成B那样。这份读书记录对你而言是一份备忘录，对他人而言是一份有用的信息，请以这样的双赢为目标而努力吧。

第二，发布数量很多。

曝光效应，又称纯粹接触效应，是指个体接触到某一外在刺激的机会越多，对该刺激就越容易产生好感。

如果有这样一个账号，每天都发布读书记录，而且投稿内容和前面提到的B一样优质，你会不会想要关注这个账号，以获得阅读相关的信息呢？要想在社交平台上增加粉丝，最好的方法不是通过关注上千人来请对方也关注你，而是发布有价值的内容，并提高更新频率。这样一来，你就会有越来越多的优质粉丝了（在我的例子中，指阅读爱好者）。

在社交平台上发布的内容有关自己去过的店、买下的东西，等于是在公开自己的生活水平。因此，有的人为了不让他人觉得自己是在炫富，即便去了高级商店，买了名牌商品，也不会在社交软件上发布。

而发布读书记录则不存在这个问题，毕竟一本书也就1500日元左右，从图书馆借书还不用花钱。

小栗旬和石原里美曾出演过一部电视剧《富贵男与贫穷女》，即使你大量发布自己读过的书，也不会有人认为你富贵或者贫穷吧。每天，市面上有约300种新书上市，根本不用担心没有书可发布。

也就是说，读书记录是最适合在社交平台上长期发布的内容了，既能让人尊敬和佩服，又绝不会引起嫉妒或轻蔑。当读完一本书后，尽情地发布读书记录吧。

通过他人的读书记录寻找自己想读的书

在社交平台上除了能记录自己读过的书，还能寻找自己想读的书。

主动关注"读完""读书记录"等标签，以及出版社和书店的官方账号吧，这样一来，你就能知道他人读过的书、新上市的书、已经到货的书等信息。从推荐页浏览他人推荐的书籍的信息，这一点很重要。

说到推荐的书籍，Amazon上有一个推荐购买的板块，可以看到购买此书籍的顾客还购买了其他哪些书籍。通过你的搜索历史和购买记录，网站会自动向你推荐你可能会感兴趣的书，但这些书顶多只是在你已有的兴趣范围之内，就算它们能帮助你进一步深化对该兴趣领域的认识，却无法拓展你的人生宽度。

举个例子，电影院在正式放映电影的约10分钟前，通常会先播放其他即将上映的电影的预告片。预告片中会宣传"感动全美国""奥斯卡金像奖最强候选""一定不能错过令人震惊的最后一幕"等。虽然这是在强制性地向观众进行推荐，但它确实能让你对一些原本不了解的电影产生兴趣。

同理，在社交平台上浏览他人推荐的书籍信息时，有时会留意到原本不属于自己兴趣范围内的书，邂逅一些符合自己当下处境或心境的书。不论是电影还是书籍，这些凭一己之力绝对无法挖掘到的作品有时会意外地触动人的心弦。

人们把美好的偶遇、意外的发现称为机缘巧合，而最能切实感受到机缘巧合的地方，就是实体书店。

喜欢读书的人一定能明白我说的这种感觉，走进书店的那一瞬间会感到幸福无比。在琳琅满目的图书间转来转去，寻找那些写有自己想要的语句的书籍，在喜欢的品类前默默地浅笑，"这本也想读，那本也想读"的心情不可遏制地涌上心头，最终乖乖地掏出钱包。在爱书人的眼中，就连书架给人的压迫感都显得可爱又迷人。

然而，如果你家附近没有书店，或者因事务繁忙而无法经常前往书店，只要能在社交平台上多多浏览他人推荐的书，也能创造出与书店类似的环境（虽然在书籍数量上远不及书店）。因此，请珍惜与书籍在社交平台上的美好邂逅吧。

注重发布日期，而非发布时间

为了增加社交账号的粉丝量，以获得更多点赞，有的人会瞅准大家玩手机的时间发布读书记录，如上下班和上学、放学的通勤时间，以及午休时间。

但这种做法实在太普遍，几乎人人都会这么做，只有比他人考虑得更深一步，才能与他人拉开差距。比起发布时间，更应注重发布日期。下面，我将详细介绍六种情形下的发布日期。

情形一：发布明星所著的书的读书记录

我在 Instagram 上会发布关于各种类型的书籍的读书记录，不仅限于经管类、自我成长类，还包括小说、短篇集、散文、非虚构类等。我还会定期发布明星书，但这类书很容易被大家轻视。

与经管类的书籍相比，关于明星的书的记录得到的点赞数明显更少，或许大家都对明星书带有偏见，认为这不过是低水准的明星噱头书，或者认为根本不是明星本人所写。但其中有些作品其实写得非常好，不能仅仅因为它是明星书就加以诋毁。对于这样的好作品，我希望它能被更多的人知道和认可，因此，我会选择在这位明星的生日当天或其出席某项活动的当天发布读书记录。

作为AKB成员的作品，高桥南的《领袖论》和指原莉乃的《逆转力》分别是关于领导能力和跨越困境的方法的作品，书中的内容确实能给身在商务组织中的人以启发。因此，我在高桥南的生日当天，也就是4月8日，发布了《领袖论》的读书记录；在指原莉乃举办毕业音乐会的当天，也就是4月28日，发布了《逆转力》的读书记录。

我在《领袖论》的读书记录中添加的标签如下。

#领袖论##高桥南##讲谈社##AKB48
第一代总队长##团队凝聚力##领袖心得#

第六章

如何在
社交软件上
做读书
记录

...

199

#今天是4月8日##高桥南28岁生日快乐#

我在《逆转力》的读书记录中添加的标签如下。

#逆转力##指原莉乃##讲谈社##HKT48#
#AKB选拔连续三年总排名第一##化逆境为
力量的方法##今天在横滨体育馆举行毕业
音乐会##指原莉乃最后一次偶像活动#

热情高涨的AKB粉丝们会在4月8日搜索关键词
"高桥南"，在4月28日搜索关键词"指原莉乃"。在
这些特别的日子里，他们的大脑"天线"会比平时更
灵敏，会通过搜索偶像名字的标签来查看相应的读书
记录。而我正是顺应了这一点，发布了完全符合他们
搜索倾向的读书记录。也正因为如此，这些读书记录
非常精准地迎合了AKB粉丝们的需求。

这两篇读书记录收到了很多来自不曾关注过我
的用户的点赞，这些用户的主页上都写着"神7中最
爱高桥南""力推指原莉乃"等。这两篇读书记录对

于那些没有读书习惯的AKB粉丝而言是非常有意义的信息，而我也因收到了更多点赞而感到十分开心。只要在发布日期上花些心思，就能出现这样的双赢局面。

因此，我在读完一本明星书后，一定会去查询作者的生日。有时会因为其生日刚过而感到懊恼，有时也会因为其生日马上就到了而感到命运的不可思议，一下子情绪高涨。

在我的手账上，不仅记录着实际认识的朋友的生日，还记录着用于在Instagram发布读书记录的明星的生日，这一点与林家Pe和林家Pa子①夫妻俩有些相像（两人能记住众多艺人的生日）。为了让尽可能多的人看到我发布的读书记录，这点辛苦是必须的。

截至我执笔的时间，我发布的关于明星书的读书记录中，收到点赞数最多的是搞笑组合"南海甜心"的成员山里亮太所著的随笔集《我放弃当天才了》。请猜猜看，我是在什么时候发布的这篇读书记录呢？

---

① 日本艺人，落语家、摄影师。

山里亮太的生日是4月14日，而我是在5月上旬读完这本书的，这可以说是最让人大失所望的情况了。一方面，我没有耐心再等足足一年；但另一方面，若在普通的日子里发布，完全可以预见无法引起人们注意的惨淡情形。就在我写好了这篇读书记录，暂且让它躺在草稿箱里的时候，出现了一条重磅新闻——山里亮太与女演员苍井优闪婚了！我不禁在内心惊呼："我等的就是这个！"

以下是我发布的这篇读书记录的内容。

#我放弃当天才了##山里亮太##朝日新闻出版##搞笑艺人##南海甜心##与苍井优结婚##大吃一惊##世界潮流引领者##全世界的山里亮太##山崎静代①诠释完美丘比特##百年好合#

在二人就结婚一事举行记者发布会的第二天早

---

① "南海甜心"组合成员。

晨，我心满意足地发布了这篇读书记录。结果，才过了不到一个小时，就收到了300个点赞。想必大家是在早上看电视时看到了发布会的新闻，并在上班或上学的电车上玩手机时看到了这条关于山里亮太著书的读书记录，一边感慨万千一边按下了点赞按钮的吧。到中午时，点赞数已达到500个；最终，这篇读书笔记收获了800个点赞。

在发布这篇读书记录的四天前，也就是6月2日，是又吉直树的生日。因此，我在这天发布了《东京百景》的读书记录，得到了400个点赞，这对于明星书而言已经算很多了。我不禁心生感叹，又吉直树真是受欢迎呢！至于有多受欢迎，我发布的芥川奖获奖作家的作品的读书笔记才收到不过200个点赞，而关于又吉直树作品的读书笔记竟能得到其两倍的点赞数！我切身体会到，稍微斟酌一下发布日期，就能让更多的人看到我发布的读书记录。

我发布的又吉直树的《东京百景》的读书记录内容如下。

#东京百景##又吉直树##Wanibooks①#
#搞笑艺人##Peace②##获得芥川奖前写下
的自传性随笔##默默无名的时代##幽默感
四溢的优美文笔##今天是6月2日##又吉
直树39岁生日快乐#

情形二：在比赛当天发布

近来，市面上有很多运动员写的书，这类书的读
书笔记当然也可以挑他们的生日当天发布，但我更多
时候是在比赛当天早晨发布，这样也算是给运动员们
加油助威。

日本足球代表队的选手中，几乎每个主力队员都
有著书，尤其是在举办世界杯的年份会大量出版上
市。我曾在日本代表队出战2019年亚洲杯的比赛当
天投稿了长友佑都选手的《日本男儿》一书的读书记

---

① 日文版《东京百景》的出版社。

② 又吉直树所在的相声二人组。

录，其内容如下。

　　＃日本男儿＃＃长友佑都＃＃Popular社＃
＃日本足球代表队＃＃Samurai Blue①＃＃今晚
举行日本代表队在亚洲杯的首场比赛＃＃对
战土库曼斯坦＃＃时隔两次大赛再次努力夺
下冠军吧＃

　　当然，不仅限于足球，此方法也适用于其他竞技
类的体育项目。比如，我曾在世界拳击锦标赛当天发
布了有关拳击运动员村田谅太选手的著书的读书记
录，具体内容如下。

　　＃赌上101%的尊严＃＃村田谅太＃＃幻
冬舍＃＃伦敦奥运会拳击比赛中量级金牌得
主＃＃原世界拳击协会中量级王者＃＃今晚再
战罗伯特·布朗特＃＃以牙还牙加倍奉还＃

---

① 日本足球代表队的队名，意为"蓝色武士"。

体育比赛好比一部没有剧本的电视剧，因此，比起在已经得知比赛结果的第二天发布读书记录，不如在比赛当天发布更有效。况且，对于看到这篇读书记录的人而言，比起第二天才知道前一天有比赛，当然是在比赛当天就得知今天有比赛更好。通过在发布日期上花心思，还能为体育比赛起到宣传的作用。

在比赛当天发布读书记录的做法，不仅适用于运动员的著作，也适用于小说。对于小说作者而言，每年有好几场大型比赛——芥川奖、直木奖和书店图书大奖的评选。

例如，芥川奖和直木奖曾于2019年12月16日公布候选作品，并于2020年1月15日进行评选；书店图书大奖曾于2020年1月21日公布提名作品，并于2020年4月7日公布获奖作品。

不论是评选哪项大奖，在公布获奖作品的几个月前，委员会都会先公布提名作品。我会在这期间读一读提名作品并预测哪部作品会获奖，如果自己的预测成真，便在获奖结果公布后发布一条相关的读书记录，添加上"恭喜获得××奖""我一直坚信这部作品会获奖"的标签，那么这篇读书记录一定会备受关注。

2019年的书店图书大奖的获奖作品是濑尾舞子的《于是，接力棒到了我手中》。就在公布获奖结果后没多久，Instagram上铺天盖地地张贴着简洁的深绿背景映衬下的橙色接力棒——以这本书的封面为配图的读书记录数不胜数，有太多人在得知这本书获奖后决定买来读。在这种情况下，即使我也发布一篇读书记录，只会因同质化严重而被淹没在浩浩荡荡的读书记录之海中。

为了使自己的读书记录能够脱颖而出，必须在评选当天，也就是公布获奖作品之后立刻发布。小说爱好者一定要把这一年数次的评选当作一种自我投资的项目来对待。

情形三：发布电影原作的读书记录

有时，我曾经读过的小说会被改编为电影，或是在得知相关团队正准备制作一部改编自某小说的电影后特意去购买这部小说来读。总之，若在电影上映前读完了原作，我会在电影上映首日发布关于这本书的读书记录。

例如，2019年11月1日，由福山雅治、石田百合子主演的电影《音乐会结束时》上映。我瞅准这天早晨发布了一篇如下的读书记录。

> #音乐会结束时##平野启一郎##每日新闻出版##充满心酸的大人们的爱情故事##摄影地是东京巴黎纽约##电影今天上映##福山雅治##石田百合子##读这本书时脑海里全是两人的身影#

看到"电影今天上映"的标签，一定会有人好奇这部电影的故事情节和演员阵容。考虑到这一点，我在读书记录中写下了不至于剧透的简短的故事简介，并附上了主要的演职员名单。这样一条凝缩着大量信息的笔记，能带给读者很大的启发和帮助。

虽然我的做法仅供参考，但前面举出的这些例子中的标签，不论是高桥南的年龄、指原莉乃举行毕业音乐会的地点、Samurai Blue队在比赛中的对手国的名称，还是村田谅太选手在比赛中的对手的名字，我都具体地注明了人们可能会想知道的任何信息。

最近的电影多在周五上映，因此，在周五早晨发布电影原作的读书记录是最合适的。通过在发布日期上花心思，还能为电影起到宣传作用。

对于那些已经上映结束的电影原作，虽然无法使用这种方法，但口碑佳作会时不时地在《星期五Road Show！》等电视频道放映。这时，便可以在电视上放映的当天发布读书记录，以绵薄之力为收视率做一点儿贡献。

我每个月都会翻阅《月刊电视导览》杂志，提前查好这一个月的电影放映日程。因此，我事先就知道富士电视台会在2020年1月3日放映由木村拓哉和长泽雅美主演的电影《假面饭店》，于是我做好了充分的准备，在这天早晨发布了读书记录。在粉丝们看来，也许这只是一篇漫不经心的读书记录，但实际上，在这篇读书记录的背后，我搜集了大量的信息，做了周全的准备工作。

这篇读书记录的内容如下。

　　#假面饭店##东野圭吾##集英社#
#东京柯尔特西亚酒店的迷案##富士电视
台今天21点放映##木村拓哉##长泽雅美#
#明石家秋刀鱼[①]倾情客串#

情形四：在符合书名的季节、时期发布

　　若在夏季去唱卡拉OK，会想要一个劲儿地唱有
关夏天的歌曲吧。通过演唱如南天群星[②]的《盛夏的
果实》或柚子[③]的《夏色》等歌名包含"夏"字的歌
曲，能够感受到强烈的夏日气息。这是日本四季分明
的气候所带来的馈赠，在读书时也去感受一下这份季

---

① 日本落语家、搞笑艺人、演员、主持人。

② 一支日本的流行乐队。

③ 一支日本的流行乐队。

节感吧。

对于那些书名带有特定季节的气息的作品，我会选择在相应的季节发布读书记录。

例如，关于歌野晶午所著的《樱树抽芽时，想你》一书的读书笔记，我瞅准了樱花飘散、樱树抽芽之际发布。

  #樱树抽芽时想你##歌野晶午##文艺春秋##小说情节大反转##完美被骗##先入为主太可怕了##请在樱树抽芽的时节读一读这本书#

若书名中包含某个季节性的节日或庆典，我也会在这一时期发布读书记录。例如，我选择了在2月14日情人节发布乙一所著的《枪与巧克力》一书的读书记录。

  #枪与巧克力##乙一##讲谈社##老少皆宜的推理小说##以巧克力的名称给登

场人物命名##因为是童书所以有很多拼音#
#今天是2月14日##特意为情人节准备的
读书笔记#

再举一个例子，虽然这个例子中的发布时机有且
仅有一次——关于社会学家古市宪寿的作品《再见，
平成君》一书的读书记录，我选择了在2019年的4月
30日，也就是平成①的最后一天发布。毕竟，当时所
有日本国民都沉浸在平成即将结束的伤感情绪中，这
部作品的书名实在太适合当时的情形了。

#再见平成君##古市宪寿##文艺春
秋##社会学家##主题是安乐死##读音
是"Hitonari"②##决定以它作为平成的最后

---

① 日本第125代明仁天皇的年号，使用时间为1989年1月8日～2019
年4月30日。

② 日语中，"平成"一词作为年号使用时读作"Heisei"，作为人名
使用时可读作"Hitonari"。

一篇读书笔记##从明天开始令和①君请多
指教#

在这样的时期，每个人的大脑"天线"都对"樱
树抽芽""巧克力""平成"等关键词十分敏感，这些
读书记录会精准地触动他们的心灵。

情形五：在符合书籍封面的日期发布

有时，我会根据书籍的封面设计，思考究竟在哪
天最适合发布这本书的读书记录，毕竟我所使用的
Instagram这个平台的特点是通过照片来传达信息。

例如，高野照子所著的游记散文《在恒河游蝶
泳》于2007年被改编为电视剧，由长泽雅美主演。
这本书的封面所使用的图片，正是作者本人在恒河游
蝶泳的照片，与书名完全一致。

而最适合发布这本书的读书记录的日子，就是七

---

① 2019年5月1日，日本皇太子德仁即位为新天皇，日本正式启用
新年号"令和"。

月的第三个星期一——海之日[①]吧。

#在恒河游蝶泳##高野照子##幻冬舍#
#让人爆笑的游记散文##女大学生独自一
人的海外旅行##今天是海之日##去海边游
蝶泳吧#

虽然在看到这篇读书记录的粉丝中，并没有人留
下"我去海边游了蝶泳"的评论，让我多少感到有点
儿遗憾，不过粉丝们若能从我特意在海之日投稿的举
动中感受到我的俏皮，我便心满意足了。

我再举一个例子，江崎格力高[②]巧克力市场部部
长小林正典写过一本《为获得成果，如何让周围不可
或缺的人参与其中》。光看书名和作者的经历，很容
易以为这不过是一本普普通通的经管类的书。然而，

---

① 日本的法定节假日之一。因四面环海，日本为了感谢来自海洋
的恩典，并祈祷能成为国运昌隆的海洋国家而制定了海之日，日期
为七月的第三个星期一。

② 日本著名零食生产商。

这本书的封面使用了百奇^①的产品包装的图片。

最适合发布以百奇为封面的书的读书记录的日子，自然是11月11日，也就是"百奇之日"^②。

#为获得成果如何让周围不可或缺的人参与其中##小林正典##Popular社##江崎格力高巧克力市场部部长##今天是11月11日##百奇之日##瞅准今天发布#

在令和1年（2019年）11月11日，"百奇之日"一词成了热门词汇，毕竟这一天的日期里有五个"1"，十分罕见，我也在这难得的日期发布了这本书的读书记录。虽然粉丝中没有人留言说"我买了百奇"——看来这篇读书记录没能为江崎格力高的零食

---

① 江崎格力高株式会社生产的零食，是覆盖着巧克力的饼干条。

② 由于百奇形似数字"1"，江崎格力高在平成11年（1999年）11月11日开始把这一天定为"百奇和百力滋之日"（百力滋是百奇的咸味版本），并得到了日本纪念日协会的认定。此后每年的11月11日成了分享百奇和百力滋的节日，人们多直接把这一天称为"百奇之日"。

销售做出实质性的贡献，但若能让粉丝们感受到我的玩乐心理，我也就很满足了。

情形六：在符合书中内容的日期发布

介绍了与书名、封面有关的发布技巧后，我想介绍一下从书中的内容方面思考发布日期的方法。

于2003年上映的电影《真爱至上》是一部以圣诞节为题材、有笑有泪的爱情喜剧，曾一度引发全球热议，想必有许多读者对此仍有印象。这部电影改编自一部小说，而最适合发布关于这部小说的读书记录的日子，自然是12月24日圣诞夜。

#真爱至上##理查德·柯蒂斯##竹书房##以圣诞节为题材的暖心爱情喜剧##今天是12月24日##让我们度过美好的圣诞夜吧#

在这篇读书记录中，我还附上了几句从电影中挑选的十分符合圣诞夜的台词。语言是讲究表达时机的，正因为粉丝们是在12月24日读到这篇读书记录的，所以才会觉得其中的内容很真实，这些台词也才能引起他们的共鸣。

在发布这篇投稿的八天之后，也就是1月1日元旦当天，我又发布了北川达也所著的《许愿能否实现90%取决于许愿方式：参拜神社的入门书》一书的读书记录。书中详细介绍了诸如穿过鸟居[1]的顺序、舀水净身[2]的方法、站在香火钱箱前的许愿礼仪等参拜神社时的礼仪，我提炼了其中的重要事项并发布了读书记录，想必能为即将去烧头香的人们提供一些参考。

#许愿能否实现90%取决于许愿方式#

#北川达也##COBOL[3]##神道[4]家##参拜

---

[1] 日本神社的附属建筑，形状类似牌坊，代表神域的入口。

[2] 日本神社的参道旁设有"手水舍"，人们在进入神社前须在此舀水洗手、漱口，意为净身。

[3] 北川达也是COBOL株式会社的CEO。

[4] 日本大和民族和琉球族的本土宗教。

神社的礼仪##实现愿望的参拜方法##2020
年元旦##希望能为即将去烧头香的人提供
参考##今年也请多多关照#

发布读书记录的日子，可以从一年365天中挑
选。前面介绍的六种选择日期的方式及其具体事例，
想必令读者读来会觉得确实应该这么做。虽然这些挑
选日期的方法看似只要稍加思考便很容易联想到，但
要从无到有地萌生出这些点子并非易事。发布读书记
录看似简单，但越探究就越发觉这里面的门道很深。

独自一人进行信息采集与市场营销

无论什么东西，一旦掉到地上都最好立刻捡起来，但这种规则并不适用于读书，刚读完的书，没有必要立刻发布读书记录。即使已经写好了读书记录，也可以让它在草稿箱里待一段时间，还可以调整发布的先后顺序。

实际上，我从未按照读完的先后顺序发布读书记录，只要我不说出来，就没有人会注意到这一点，也不会引起任何问题。反正随时都可以发布读书记录，所以我会尽量迎合季节和特定日期。

219

仔细想来，这种做法就跟市场营销一样，不是吗？

健康杂志《Tarzan》每年一到二月（东京马拉松大赛之前）就会推出一期关于马拉松的特刊，一到夏天就会推出一期关于减肚腩的特刊，这正是瞄准人们对马拉松兴趣高涨的时期，以及因为要穿薄衣服而在意体型的时期，打造出符合当下读者心理的内容。

如果反过来做会怎样呢？在寒冷的二月推出减肚腩特刊，读者会觉得反正冬天也不会穿露脐装，没必要减肚腩；在酷热的夏天推出马拉松特刊，读者也不会因此愿意在烈日下跑步。虽然特刊的内容本身并没有什么问题，但只要搞错推出的时机，其内容就无法打动人心。

我在第二章中提到过，读书就是独自一人进行信息采集，这种感觉类似于在大脑中将"自我股份有限公司"想要的信息设定为关键词，支付买书的费用后，独自一人收集信息。如果说读书过程中的行为类似于独自一人进行信息采集，那么读完书后的行为就好比独自一人进行市场营销。

AKB组合中的高人气偶像往往会同时兼任好几个组合的成员，同样地，你现在兼任着"调查部"和"市场部"的职位。为了尽可能地把从书中采集到的信息传达给更多的人，需要瞅准恰当的时机发布读书记录，请一定要挑战试看。

后　记

　　"今后的人生，取决于遇到多少个人，

读多少本书，踏上多少段旅程。"

　　这句话是我刚参加工作时看到的，当时，我意气风发、干劲十足："我要把这三项都平衡好！"然而，遇见很多人是一件麻烦事，每次休假都去旅行会很花钱。

　　因此，我最终只保留了"读很多书"这个目标，全心全意地努力做到超出常人的程度。这是我唯一一件不用勉强自己就能坚持下去的事，我很喜欢自己一个人安安静静地看书，如果没有这样的时光，我的内心世界恐怕早就崩塌了吧。

　　例如，某个人的兴趣爱好是练腹肌，每天都热情高涨地进行锻炼，不知不觉间已练出了和足球运动员克里斯蒂亚诺·罗纳尔多一样轮廓鲜明的六块腹肌。这时，他很可能会产生一个念头："想让谁看看这完美的腹肌。"

我原本也只是因为爱好读书才一直坚持的，但在阅读时，无数词汇涌入脑海，我不禁冒出了一个念头："我也想写文章，想让人看看我写的文章。"就在大概五年前，我萌生了"想出书"的愿望。

本书的出版便源于我主动向出版社提出策划方案。当时，我自己写好了策划书，寄给了约20家出版社，但结果并不理想。毕业生在求职时如果没被公司录用，会收到不录用通知，但我甚至连被告知不采用的邮件都没收到几封。换句话说，就是吃了闭门羹，想必他们连信封都没打开就直接把策划书扔进垃圾桶了吧。

因为我没有社会知名度，也没取得过什么实际成果，对于许多出版方而言，我就像一块石头，被他们踩来踩去、踢来踢去。只有Forest出版社认为，我虽然现在看起来只是一块普通的石头，但仔细打磨一下或许能成为钻石，为我身上的可能性赌了一把。在这个出版业不景气的时代，要对一个毫无有力佐证的事物予以信任，是一件多么不容易的事啊……Forest出版社给予了我这个机会，我的心中只有道不尽的感激之情。

他人读我写的书，即使读完只花了两小时，这也是夺走了这个人人生中宝贵的两小时。

两小时能看完一部电影，能以六分钟跑完一公里的配速跑二十公里，能听完一整期《All Night Nippon》[①]。

这个世界上有许多种娱乐方式，也有许多位著名作家，而读者却特意拿起了这本新人作家的作品，所以，我一定要为读者提供能让这两小时的阅读时间显得有价值的内容。

读完全书，读者或许会觉得书中出现了非常多运动员和艺人的名字，这是因为我从进入现在这家公司以来，一直负责体育新闻的信息采集，每天都会接触大量体育和艺能领域的信息。也许引用历史伟人的名句或国外的研究成果更能为本书增加含金量，但这对我来说显然太过勉强，只会变成他人话语的罗列。如

---

① 一档日本著名的电台节目。

果这样做，我一定会心生愧疚，而这份愧疚之情必定会流露于字里行间。与其如此，不如介绍自己熟悉的领域，这样才能写出充满精气神的文章。

因此，本书中引用的事例和语句，都出自我在工作中阅读的报纸、杂志，以及闲暇时阅读的图书、看过的电视节目和电影，是我一点一点、勤勤恳恳地收集起来的。我把自己多年来在笔记本上积累的存货全部展示在了这本书中，我甚至觉得，我的第一部作品就已经凝聚了我最核心的心得和经验了。

因为我不曾请写手帮忙执笔，本书的每一句话都是我自己独立写就的，所以虽然我对自己的文笔水平有一丝不安，但如果读者能从本书中得到收获，我将无比欣慰。

今后，我会继续在 Instagram 上发布读书记录，如果方便，请关注我的账号"无名的读书家"（@no_name_booklover）。如果您已经关注过我，今后也请多多关照。非常感谢您能读到最后。

2020 年 4 月

村上悠子